U0894695

秋灯琐忆

〔清〕蒋　坦／著
关熙潮／主编

辽宁人民出版社

图书在版编目（CIP）数据

秋灯琐忆 /（清）蒋坦著 . — 沈阳 : 辽宁人民出版社，2020.10

（“纸短情长”三部曲 / 关熙潮主编）

ISBN 978-7-205-09912-1

Ⅰ . ①秋… Ⅱ . ①蒋… Ⅲ . ①古典散文 — 散文集 — 中国 — 清代 Ⅳ . ① I264.9

中国版本图书馆 CIP 数据核字（2020）第 146517 号

出版发行：辽宁人民出版社

地址：沈阳市和平区十一纬路 25 号　邮编：110003

电话：024-23284321（邮　购）　024-23284324（发行部）

传真：024-23284191（发行部）　024-23284304（办公室）

http://www.lnpph.com.cn

印　　刷：辽宁星海彩色印刷有限公司

幅面尺寸：130mm × 185mm

印　　张：9

插　　页：8

字　　数：160 千字

出版时间：2020 年 10 月第 1 版

印刷时间：2020 年 10 月第 1 次印刷

责任编辑：赵维宁

封面设计：今亮后声

责任校对：耿　珺

书　　号：ISBN 978-7-205-09912-1

定　　价：39.80 元

『纸短情长』三部曲之——《秋灯琐忆》

手中梧桐花，放下自不易。

秋芙生于钱塘书香世家，取光灿美玉之意，得名『关锳』。

那年元夕，巢园花开，佳儿佳妇，缘定月下。
此后数年，秋芙与蒋坦都是近在咫尺，更似天涯。

从『庄前种竹数弓』到『种了芭蕉，又怨芭蕉』，
在这对夫妻眼里，一草一木一世界，处处含情。

桃花为风雨所摧，零落池上，秋芙拾花瓣砌字：

『春过半，花命也如春短。一夜落红吹渐满，风狂春不管。』

『悲莫悲兮生别，何可使我闻之？』

秋芙曾在蒋坦夜半吟诗时哭花了粉妆，问夫君为何惹人心伤。

赋诗联句，抚琴吟诗作画，寻禅问道，生花妙笔，拍案惊奇。秋芙翩然莞尔，她是蒋坦的梦中人，更是造梦人。

秋芙曾说：『人生百年，梦寐居半，愁病居半，襁褓垂老之日又居半；所仅存者，十之一二耳。况我辈蒲柳之质，犹未必百年者乎！』悲观且通达。

『空到色香何有相，若离文字岂能禅。』

看似超然不凡，实则过于柔软，越看透，越泥足深陷。

『生负情癖，病中尤为缠缚。』

盼见君一面，却不发一语，手中梧桐花，放下正自不易耳。

不畏贫穷清苦，不好名利虚荣，
只怕满腹心事无人能懂，只怕秋月春花无人共鉴。

世间好物不坚牢，秋芙一生，灾病不断，坎坷多磨。

一场场诀别后，终究要轮到自己。

秋芙香消玉殒，未留只言片语，如落叶无声，坠地化尘。

三十六年的凡尘岁月，只有一首首诗作、一则则忆语，给人无尽遐想。

『才情斗春茗，健语落秋灯。』

曾经促膝倾谈总难眠，而今白纸黑字空为念。秋灯之下，情深不寿，其意也是无常。

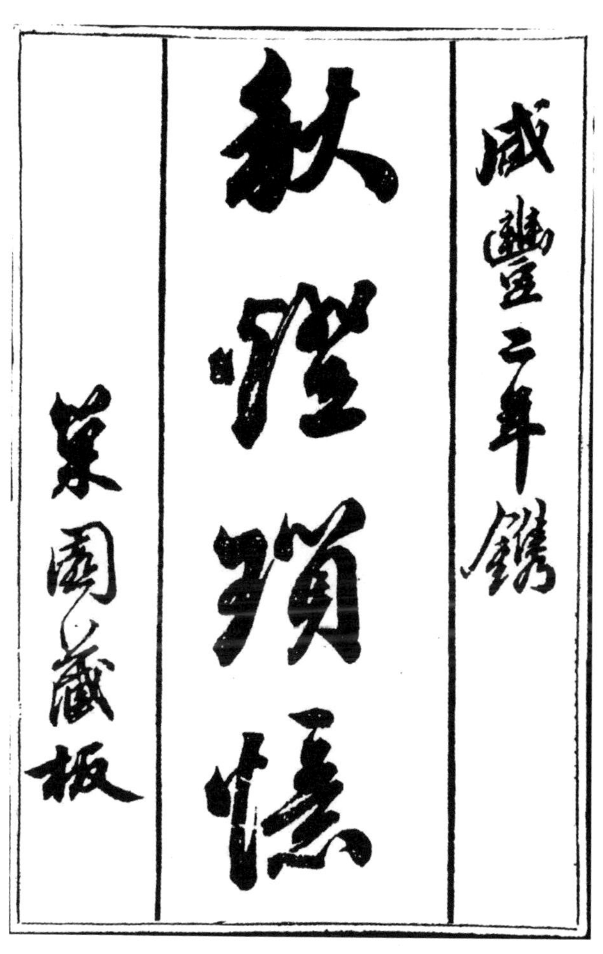
咸豐二年鐫
秋燈瑣憶
巢園藏板

咸丰二年（1852）版《秋灯琐忆》封面

《蒋坦像》任熊画　丁文蔚题词

《关锳像》丁世弼作

《秋芙夫人写经图》周可宗绘　秦云题词

目　录

[书　后]

译　序

一

做《浮生六记》的案头工作时，曾在苏州小住。想循着书中记载瞻仰遗迹，可惜大多不复。好在人情味道尚存，云层舒卷如旧。在树盖竹荫下听着吴侬软语，沈复的脾性与笔触，也便清明了然。

《影梅庵忆语》的编译，是宅家闭户时深耕的。今昔不知明朝，只能在家等着，盼着平安，盼着如常生活。

《秋灯琐忆》中不再有凡俗烟火气，字字句句尽显物外神韵。窗外半里远就是江水，江边落叶成堆，第一批春草从夹缝中拱出，生与死的意象纠缠。抚今追昔，领悟荣枯轮回，也是蒋坦在书中反复强调的命题。

编译《秋灯琐忆》，又是一次恰逢其时。

不觉间，江水已由冰层崩裂的雷动变成了水流涌动的眠响。这里四季分明，可江岸始终有秋色。除却腐黑的陈年落叶，还有渔船残骸半埋在土里，偶尔还能看到祭奠亡人的纸钱灰。

所以，蒋坦文题中的“秋”，应该不仅指成文于秋日，还有他对好景难常的悲怀。

“才情斗春茗，健语落秋灯。”——这是蒋坦为亡妻题的诗。秋灯，也是闺阁美眷的代指。曾经促膝倾谈总难眠，而今白纸黑字空为念。秋灯之下，情深不寿，其意也是无常。

二

此前对《秋灯琐忆》有所耳闻，却不曾读过。现在看来，深以为这是本价值被低估的著作。

蒋坦的夫妻关系，是真正的平等，纯粹的浪漫，深刻的默契，一致的誓愿。用“神仙眷侣”形容他俩，再贴切不过。

比起《浮生六记》《影梅庵忆语》，蒋坦的“琐忆”不接地气，柴米油盐几乎不提，茶花意趣也无详解，更没太多历史研究价值。但从“人”的角度来说，它却无限接近于理想的爱情。恍然间，好像李清照与赵明诚，转生来到了清朝。

蒋坦的笔法干干净净，他记录着天地之美、爱妻之美，对生平种种，毫无藻饰。《秋灯琐忆》虽流传于世，但其作者是奔着天国净土去的，不求声誉。无论是人设包袱，还是人间挂碍，蒋坦几乎卸了个干净。

《秋灯琐忆》七千余字，体例近似于刘义庆的《世说新语》，共计四十四则，一则一事，或一则一议，短的不足百字，最长的也不过五百余字。全文如星辰散落，没有清晰的脉络，没有精心的衔接，几乎是往事碎片的信手拼贴。

换言之，通常的散文或是由点带线，或是提线穿点，本文却是将一帧一帧拎出来，将烙印在脑海里的画面描摹叙述，整体是奔逸抽象的。

这无可厚非。我们总是会牢记着某一幕，再去回想前因后果。

秋芙在寺中堂下的粲然一笑，在棋局对弈中的借狗耍赖，还有听诗感叹哭花了妆……每一段，都来自于撩动情绪、心头一紧的刹那。

这也是记忆的规律，所谓“琐忆”，“琐”得合情合理。

三

原文成书不过百余年，对有一点文学基础的人来说，通读个大概并非难事，但也不乏生僻典故和语法藩篱，在翻译时深感不易。如有谬误，还望指正批评。

前人栽树，后人乘凉。在本书的编译过程中，参照了陈继聪的《忠义纪闻录》，借鉴了郑发楚的《西溪蒋坦与〈秋灯琐忆〉》、李汇群的《〈秋灯琐忆〉新考》。另外，也引用摘录了蒋坦所著的《息影庵初存诗》《愁鸾集》《红心草》《溪山游识》《黄山小志》等部分内容，以及关锳（秋芙）的《梦影楼词》，着力将《秋灯琐忆》的内容延展至最大化。

为了丰富阅读体验，特拍摄精选了数十张风光实景，力求图文并茂、意境统一；并且录制了有声播读版，旨在将蒋坦的这部佳作，以更多元的形式流播传诵。

因为是向死而生，所有的岁月静好，皆为至上孤独。《秋灯琐忆》没有呜呼哀哉的悲伤，没有大起大落的周折，它的陶然旷远、意味悠长，哪怕再过百年，也不过时。

◇ 译文及原文 ◇

◆◆◇ 译文

一

道光二十三年（1843）的秋天，秋芙嫁给了我。

夜漏三更，奴婢们皆已睡下。秋芙绾着偏垂一侧的发髻，身着红色薄纱衣，与我共坐花烛光影中畅笑欢谈，历数童年为伴的嬉戏趣事。

渐渐地，我们谈到了诗词。我的舌头好似僵住了，说不出什么来，转而想起曾听闻秋芙作过《初冬诗》，有“雪压层檐重，风欺半臂单”之佳句。我本来还怀疑是唱词人假托秋芙所作，现在才相信她是写得出这样的诗句的。

此时闺房帐中已有蚊虫飞动，我们虽然困倦，但兴致未尽，不想入眠。盆中素馨花香弥漫，连床榻枕被都为芬芳浸染。秋芙要我跟她联句，考验我的文思，我正好也想试试秋芙的诗才，便欣然应允了。

我先出了句“翠被鸳鸯夜”，秋芙续：“红云蠛蠼楼。花迎纱幔月。”我接着续：“入觉枕函秋。”本想继续，怎奈窗外月色斜隐，邻家晨钟缓缓鸣响。门外的小丫鬟低声细语地催秋芙梳妆，我只好搁笔起身了。

二

几日未到巢园，背阴的廊阶上已渐渐覆了青苔。我不禁心生感慨，赋绝句两首：

一觉红蕤梦，朝来记不真。
昨宵风露重，忆否忍寒人？

镜槛无人拂，房栊久不开。
欲言相忆处，户下有青苔。

这时秋芙回海宁娘家已有三十五日。有故里亲友为伴，想必兴致正浓。她是否会想起夜深时，还有人徘徊风露之下，惦念她于心头呢？

三

秋芙的琴技，一半是我传授的。入秋以来，她因抱恙而中断，待到病愈，指法已有些生疏。我努力帮她重拾技艺，在夕阳红半楼上与她抚琴共奏。

琴弦调了很久，高音不成调；再调，琴弦突然崩断于五徽处。秋芙换上新弦，忽见一阵烟雾弥漫，窗纸几乎要被熏黑了。下楼一看才知，是小丫鬟不当心，烧着了帷幔，童仆赶来才将火扑灭。直到这时我才意识到，琴弦骤然断开，应是不祥的近兆。况且“五”字主“火”，琴弦断于五徽，莫非是这琴给我的预言提醒吗？

四

秋芙在金属盆里把戎葵叶捣碎成汁，掺杂进云母粉，用来拖染笺纸。用这个方法染出的笺纸，颜色是莹莹发亮的蔚绿，即便是澄心堂出品的纸也比不过。她曾用这种纸为我抄录《西湖百咏》，可惜被郭季虎拿走了。郭季虎为我题《秋林著书图》时写道："诗成不用苔笺写，笑索兰闺手细钞。"说的就是这件事。

秋芙素来不擅长书法，自从登门结识了魏滋伯、吴黟山两位先生，便开始学习晋唐风格的书法。只可惜病后视力较差，不能经常修习笔墨。但偶尔写的字，已是秀媚可人了。

五

苦于夏夜炎热，秋芙约我去理安寺赏游。刚出门，雷声轰隆，狂风骤起。仆从请求掉头回去，我游兴正浓，不由分说，让他继续驱车赶路。还没到南屏山，乌云笼罩，山川晦暗。不一会儿，独秀峰顶，离天似只有一丈处，一道白光如练，大雨倾盆而落。

我们在大松树下停步避雨，雨停后继续前行。只觉得竹林清风飒飒，万木鲜翠欲滴，两山轮廓宛如残妆美人，蹙着弯垂的眉，秀色怡人。我和秋芙边游赏边前行，不觉间，衣袖已经湿透。

那个月，在理安寺讲经的是月查僧人，他留我们在寺里吃斋饭，还把他画的白莲图送与我们。秋芙在上面题诗，有“空到色香何有相，若离文字岂能禅”之句。我们喝茶谈天，十分投契，之后又由杨梅坞来到石屋洞。洞中乱石堆砌排列，如同几案。秋芙把琴放于石案之上，弹奏了一曲《平沙落雁》。洞外暮云翻涌，潺潺涧水与悠悠琴声相和，我俩此时相对，几乎忘却了依然身处凡尘俗世之中。

不一会儿，残暑退散，暮色四起。我们驾车返程，大约行了一里路的光景，夜月便已挂上了苏堤的杨柳枝头。

这天，屋里漏雨，水浸床前，门窗都湿了，童仆们因为一道道门上了锁，未能进去察看。等到我们回来，才惊见床帐橱柜水渍斑斑，屋内差不多成了水乡了。我们叫小丫鬟用烘笼烘干，直至五更才睡下。

六

秋芙喜欢画牡丹，下笔却有些刻板拘谨。后来跟着我的老友杨渚白学习，所绘一幅幅牡丹花活色生香，几乎达到了大师恽南田的境界。

当时志同道合的伙伴中，在我的草堂居住过，或是经常来往的，有钱文涛、费子苕、严文樵、焦仲梅等人，大家在一起品叶评花，整日不倦。后来，钱文涛走了，杨渚白死了，焦仲梅、严文樵等人各自回乡，秋芙也因家务琐事烦扰，弃置笔墨。只有我存着一把纨扇，是诸位朋友合画的纪念，其精神意态，历久不衰。我闲暇时拿出来瞧瞧，空叹宾朋零落，无尽感慨。

七

桃花被风雨摧落，飘零池中。秋芙拾起花瓣，拼成字，作《谒金门》一首：

春过半，花命也如春短。一夜落红吹渐满，风狂春不管。

“春”字还没拼好，东风忽起，花瓣飘散满地，秋芙怅然。

我说：“这还真是‘风狂春不管’了。”

我俩相视一笑作罢。

八

我过去养过一只绿鹦鹉，名叫“翠娘”，喊它，它还会答应。

翠娘背诵的诗句，一向是由侍女秀娟所教。秀娟出嫁，翠娘的吃食喝水经常不能按时，渐渐憔悴了。

有一天，我起床洗漱，忽然听到帘外有人轻声细语，似乎是秀娟。我惊讶不已，忙出去看，原来是翠娘。

秀娟已经走了数月，翠娘如果有知，也会怀念教它吟诗的人吧？

九

秋芙经常对我说："人生百年，睡眠占一半，愁病占一半，幼年、衰年又占一半，剩下来的，大概只有十一二年吧。况且，我们这些先天体弱多病的人，还未必能享百年之寿呢。庚兰成曾说过，一月之中的欢愉日子，算起来也只有四五六天，想来也是自我宽解的话吧。"

秋芙这些话，当真不虚。

十

我平生还未有过百里以上的长游经历。道光二十四年（1844），我到曹娥江办事，秋芙正患寒疾，我想更改行期，奈何行装已发，船夫也催促我。

夜渡钱塘江时，飓风大作，隔岸的山峰相对而立，垂首低眉，郁郁寡欢。我想起王勃在《滕王阁序》中写道："天高地迥，觉宇宙之无穷；兴尽悲来，识盈虚之有数。"只觉得此身茫茫，不知安放于何处。

银河闪耀在天边，岸边的残灯也星星点点地亮着。

酒醒之时，已是五更。想叫人来为我添衣，可罗帐垂着，无人回应。我睁眼看，才恍然想起，此时身在舟中啊。

十一

秋夜，月色正佳，秋芙让小丫鬟背着琴，泛舟于明、圣二湖之间的荷花丛中。我从西溪归来，到家时，秋芙已经出了门。我只好雇一艘瓜皮小舟去寻她，与她在苏堤第二桥下相遇。

秋芙弹奏着《汉宫秋怨》，我为她披上衣裳，静静听着。此时四周群山烟雾蒙蒙，繁星明月倒映水中，琴弦拨弄，和着错杂的鸣响，分不清是风声还是环佩声。

琴声还没停，船头已靠近漪园南岸。我们叩响白云庵的门。庵里的尼姑与我们是老相识了，她请我们坐下，采集池中新鲜莲子，做成莲子羹招待我们。莲子羹芬芳清醇，沁肺腑、润肠胃，和世间油腻的腥膻之味相比，实在有天渊之别。

回船行至段家桥，我们登岸，在地上铺了张竹席，坐着闲聊许久。遥遥听到城中的喧嚣声，就像苍蝇嗡嗡，惹人烦躁。桥上的石柱，是我去年题诗的地方，近来被蚌壳剥蚀，字迹已不可见。我想重写上去，奈何未带笔墨。

此时星斗渐稀，湖面泛起白雾，城头更鼓声已经敲了四下，于是我们携琴撑船而归。

十二

余莲村来杭州游玩，送了我一瓮惠山泉水。适逢高僧墨慎到天目山灵峰寺讲经说法，给我寄了些头纲茶来。我用竹炉烹茶饮用，茶水入口，不逊于佛祖降赐的甘露，浑身的毛孔通畅润泽，根本不想卢仝诗中的七碗茶了。

余莲村在我的草堂住了十几日，我们剪烛夜谈文章，亲密无间。可惜还没谈够，他就因生计不得不离开我家。

树云相望，一别已有三年。我常忆起他论吴门诸子的诗，称觉阿大师的诗作，在其见闻中堪称第一。觉阿以知名秀才的身份剃发为僧，苦修十年，得正法眼藏。他在居所周围栽植梅树三百余棵，梅花盛开的季节，他就在梅树下打坐，禅定起身，时不时地吟咏作诗，其中就有《咏怀诗》：

自从一见《楞严》后，不读人间糠粕书。

过去，简斋老人谈论《华严经》时说：“文义就像是一桶水，翻过来倒过去地说，毫无新意。”这何止是不理解《华严经》的奥义，简直是没读过《华严经》。跟觉阿大师相比，境界悟性相去甚远。可惜我没有见过《咏怀诗》全篇，就如只读过半篇偈语那般遗憾。听闻余莲村最近在江苏毗陵客居，空闲时，我应写信问候请教他。

十三

入夜，听到风雨声，枕席之间渐有凉意。

秋芙刚卸了晚妆，我则伏案编写《百花图记》，还不到一半，便听到窗外黄叶被风吹落的簌簌声响。

秋芙对着镜子，伤感吟道："昨日胜今日，今年老去年。"

我怅然地说："人生不过百年，又何必因外人外物徒增伤怀呢！"于是搁笔作罢。

夜深了，秋芙想喝水，水尚温，炉火已熄，想叫小丫鬟烧一壶，可她们都蒙头大睡，已被梦神召去很久了。我把案头的灯分去一盏放在灶间，温了一碗莲子汤给秋芙喝。

秋芙得肺病已有十年，每逢深秋就咳嗽，须枕高枕才得以熟睡。今年她的体力比往年强些，常常扶着发髻与我对坐闲谈至深夜，这大概是调理了睡眠饮食的效果吧？可话说回来，现在毕竟刚入秋，尚不知八九月会怎样。

十四

我为秋芙做了一件梅花图案的衣裳，穿上它，满身都是盛开的梅花，望去就如绿萼仙子，翩然于尘世之中。

晚春时节，秋芙翠袖凭栏，鬓边的蝴蝶发饰还栩栩如生，全然不知春天就要过去了。

十五

扫地焚香，被认为是在清修佛法。倘若如此便能成佛，那么寺院的师父们岂不遍布极乐世界了？秋芙生性喜欢清洁，地上稍有灰尘，必亲自打扫干净。我用王栖云的偈子劝导她：“日日扫地上，越扫越不净。若要地上净，撇却笤帚柄。”秋芙还是不能领悟。

秋芙的辩才胜于我十倍，她执着于此，也是习惯使然。

十六

我在西子湖畔居住了十年，家父每月给我几十两银子，资助我的生活开销。我因为挥霍，时常不够用。夏衣冬裘，边典当边赎回，循环周转，箱子里常年空空如也。

我曾写诗给秋芙：

一寒至此怜张禄，再拥无由惜谢耽。箧为频搜卿有意，裈犹可挂我何惭。

字字句句都是实情。

十七

道光二十七年（1847）的冬天，伊少沂县令因政绩出色，调任京城，我为他在草堂饯行，参加宴会的有二十余人。酒后，李山樵弹琴，吴康甫挥毫写大字书法，吴乙杉、杨渚白、钱文涛分别在四壁上作画，剩下的或抓阄限韵赋诗，或品茶清谈。只有施庭午、田望南、家兄蒋宾梅等十几人，蹲在地上划霸王拳赌酒，狂饮疾呼，几十杯酒下肚还不罢休。

这天晚上，风月正浓，我留诸位朋友通宵饮酒。点上羊灯，清洗酒杯重新倒酒，谁知没喝上几巡，唤的酒却迟迟未上。我惊讶地问秋芙是怎么回事，她说："家里的酒瓶子都空了，床头只剩下几十吊钱，我脱下玉钏去换酒，酒家不识真假，不肯收。于是我差人拿到当铺去当，当铺离集市太远，所以现在还没回来呢。"

我为此吟诵元稹的"泥他沽酒拔金钗"，与秋芙相对怅然。

这天，我因为集得数十篇诗，一时开怀，喝了八九坛酒。多年来的文酒之乐，以这一次最为尽兴。从此以后，友人们各奔天涯，如云流动，如萍漂游，时聚时散。我和秋芙也为尘俗琐事束缚，不能常去游山玩水了。

十八

秋芙素来不擅长作词，忆起她当初所作的《菩萨蛮》中有“莫道铁为肠，铁肠今也伤”一句，立意新锐，也没有呆板的毛病。

之后我游历山阴，秋芙作《洞仙歌》寄给我，文风气韵深沉稳健，没有瑕疵，我开始惊讶于她的进步速度竟如此之快。

回去以后，我要来她的近作阅览，居然很不错。“士别三日当刮目相看”，秋芙已今非昔比，不再是过去的阿蒙了。

昔日瑶花仙史曾在巢园降乩，说秋芙是昙阳子的后身，我观她的辩才，似乎可信。加上她持长斋二十年，熟诵《楞严经》《法华经》上千卷，定能生慧，连一个手势、半句偈语都能看穿悟透，更何况区区文字呢！有先人说“书到今生读已迟”，我从秋芙身上信了这句话。

十九

从秦亭山往西二十里，有个叫西溪的地方，我家的槐眉庄就在那儿。沿溪向西走，芦苇丛生，秋风一起，芦花似飞雪般落满滩，水波荡漾，上下一色。芦花深处，有数座精美的寺院，用以供奉佛祖，名“云章阁”。云章阁离槐眉庄有一里多远，中间有水涧溪流迂回盘绕，没有船只，不能抵达。

当时有个虔心修佛的僧人，居住在华坞斋，传闻他戒律精严，能预卜未来。道光二十五年（1845）的深秋，我带着秋芙寻访他，请教佛禅真义。谁知他自大嚣张，鼻孔朝天，像耳聋一样无法沟通，让人不禁失笑。

当时雪下不久，天刚放晴，寺中堂下绿梅盛放，如同从尘世的大梦中初醒，露出洁白的“牙齿”，笑意粲然。

秋芙约我去永兴寺一游，我们便一起登上二雪堂，观看了汪端的书法篆刻。我们还坐在溪边，寻找炙背鱼、蝟尾螺，这些都是与济公有关的名迹。第二天，我们又前往交芦庵、秋雪庵等古刹游玩，寺里的僧人用松萝茶招待我们，请我们在《交芦雅集图卷》上题字。

船回时，夕阳已经落山，晚钟在催促我们进晚饭。秋风乍寒，波光粼粼，宛如起皱的纱。秋芙当时穿着薄棉衣，很冷的样子，我便脱下外罩的背心披在她身上，并将她搂住。

夜半到了庄里，有狗叫声相迎，我回望隔溪的渔火，正如孟浩然在诗中描绘的鹿门晚归情景：

山寺钟鸣昼已昏，渔梁渡头争渡喧。
人随沙岸向江村，余亦乘舟归鹿门。
鹿门月照开烟树，忽到庞公栖隐处。
岩扉松径长寂寥，唯有幽人自来去。

回家之后，秋芙非要我作游记诗，于是我和她一起挑灯写作，不觉间就到了清晨。

二十

秋芙有一幅抚罢瑶琴、伫立月下的画像，挂在卧室里，每天都用沉香供着。秋芙回娘家之前，对我开玩笑说：“夜里你独守空房，这画还可以陪陪你，你得用瓣香来酬谢它，可别把它锁在空房，让它有秋风团扇之悲啊。”

二十一

秋芙省亲后，我曾去她娘家探访。那日时辰尚早，窗户还未打开，隐隐听得噹啷一声响，似乎是梳篦掉在地上了。重重帘帐之内，有女子晓妆初成。当时，晨光洒进了房间，窗上浮现秋芙的影子，发髻光泽如镜。

我不禁想到元稹的诗句：

水晶帘底看梳头。

古人那日，已比我先饱眼福了。

二十二

关家和蒋家本是表亲。我还没定亲时，秋芙常到我家来，我们玩耍嬉闹、两小无猜。

道光七年（1827）元宵节，秋芙来我家拜年，我们又会面于堂前。

当时，秋芙穿着葵绿色的衣服，我穿着银红色的绣袍，齐首并肩，钗帽相傍。住在巢园的张老先生见了，对我父母说："他们俨然是天生一对啊。"

家父便有了缔结婚约之意。

又过了数月，巢园里牡丹盛开，我父亲召集亲友，设宴于牡丹花下，秋芙也随她父亲前来。酒宴散后，秋芙把筵席上的果脯收起来，用手帕包住。我去抢，秋芙说："我要拿回去，不给你吃。"我开玩笑地解下衣服系带，威胁说："那我就拿这个捆了你，看你还回得去不？"秋芙被我吓得哭了，直到奶妈把她带走，此事才得以平息。

大人们在一旁看着发笑，于是他们请俞霞轩先生做媒，在筵席上为我和秋芙定了亲。

此后数年，我与秋芙都不得相见。

因为我家同关家世代联姻，过年时父亲仍带我前去拜年。所以我们去关家的次数虽少，但仍维持着往来。

记得道光十二年（1832）春节我去拜访，进门时看到青衣小丫鬟扶着一位佳丽上车而去，不一会儿又听到车里传来笑声，才知道这位女子就是秋芙。

又有一年，圜桥科试将近，秋芙父亲邀集同人，以文相会，其意在于考验我这个女婿。他在后堂设了酒席，我坐在末座上，听到湘帘后头有佩玉撞击的声音，不知秋芙是不是在里面。

再有一年，我在街市上行走，忽然听到车声轰隆如雷，车帘子倏地卷了起来，里面有位丽人与我对望，仿佛相识。最后一车上坐的似乎是秋芙的母亲，我这才恍然，前面车里的卷帘人应该就是她的膝前娇女秋芙了。

还有一年，我成了县学的生员，父母命我前往丈人家拜谒。我在庭中遇到了秋芙，她头戴貂茸帽，站在蜜梅树下。忽然听到银挂钩的声响，秋芙惊鸿般消失了。

从定亲到迎亲，此间十五年，我与秋芙邂逅了五次。一直到洞房花烛时，我才发现秋芙两颊的笑窝已不似旧时那般丰满了。现如今，我们已成婚十年，我和秋芙都两鬓染霜，不知几年之后，又会是怎样的形貌呢？

前尘匆匆，如梦如醉，若以这些事问秋芙，她还能记得一二吗？

二十三

秋芙说："元稹的《长庆集》里的诗，就像粗茶淡饭，食之无味。只有《悼亡》三首，字字含泪，不流于浮躁俗艳的习气。"

我说："可能就像宋之问剽窃刘希夷的诗那样，不然，元稹这样的轻薄小人，怎能写出如此刻骨的词句呢？"

二十四

我读《述异记》时看到里面说“龙眠于渊，颔下之珠为虞人所得，龙觉而死”，不禁叹息。

秋芙在一旁说：“这就是龙的罪过了。颔下有珠，则应视同珍宝。既然不能保护好，被人偷了去，就该呼风唤雨，与虞人一战江湖，珠子兴许可夺回来。可它偏偏以身殉珠，龙死了，珠落入他人之手，永无归还之日。由此看来，这龙岂能算得上真正爱珠？”

我沉默了好一会儿，说：“想不到秋芙你还能评话典故，真是奇才啊。”

二十五

葛林园一带是招贤寺的旧址，有几处水榭，可于其上俯瞰竹林山石。水榭下有个池塘，一座短独木桥横架池上，池畔有株凌霄花，藤蔓蜿蜒，相传是唐宋时种植的。诗僧半颠和他的师父破林，已经在这里居住了几十年。

道光二十九年（1849）初夏，积涝成灾，我居住的草堂成了水乡。半颠写信叫我过去，我于是和秋芙一起搬到他那里寄住。当时水漫遍处，城市里都可以行船了，我和朋友们因此断了联系。

我每日与半颠谈禅，间或喝酒咏诗，悠悠然然，忘了人世岁月。

听说岳飞墓那边有卖包子的，我便每天差遣婢女去买。我们吃饱了，就分些喂食池塘中的鱼儿。秋芙扶着栏杆，翠簪不慎掉落水中，水面荡起几圈涟漪后便再也看不见了。唯有簪上的素馨花，还漂浮在水上。

池边是梁家人守墓的住所，西侧有扇门，因无人出入，杂草丛生。这梁家的房子里，住着几个梁氏兄弟，出入都经由寺庙。其中有个不肖弟弟，无能无才，顽劣不成器。我住在那里一个多月，兄弟争吵的声音就没断过。

有一天，我在池边行走，听到敲门声。寺里的僧人都去午斋了，我便前去开门。只见一个戴毡笠、穿布衣的陌生人问梁某在不在，我给他指路，他进了梁家的房子，我也随后关了门。半颠知道此事后，前往询问梁家兄长，来者说了些什么。梁家兄长却答道："并无什么来者啊。"

我们在屋里到处寻找，也未找到人，只有东侧小楼上房门紧锁。我们破窗而入，见梁家的弟弟已经缢死在床上了。我这才明白，那敲门的人，原是个来寻替身的缢死鬼。

自此以后，常听得鬼声啾啾，从夜里一直持续到天明。梁家兄弟害怕，就搬走了。我跟秋芙虽有《楞严经》佛法护持，但终觉阴气逼人，难以久居；况且洪涝已退，我们便很快搬回了草堂。

后来听说半颠也转居南屏山了。我多年没去那个寺院了，不知那座小楼近来是否还有人居住。

二十六

我睡不着的时候，同秋芙谈论古今栋梁，提到韩擒虎，我说："韩擒虎生前为上柱国，死了可以做阎罗王，也算是幸运呢。"

秋芙笑着说："可是被韩擒虎杀掉的张丽华等人，冤屈无处控诉，怎么办呢？"

二十七

我父亲晚年多病，我和秋芙修筑祭坛，拜《玉皇忏》四十九日。秋芙作骈体文，辞义深奥艳丽，可惜手稿未存，原文已经记不清了。当时正值秋日，瓶中黄菊的颜色愈来愈好看。夜深时，钟磬敲响，更显万籁俱寂。沉香烟雾迷蒙，恍然觉得上清宫就在眼前，不知此身尚在人世间了。

二十八

秋芙种的芭蕉已叶大成荫，甚至能遮蔽室内帷帐。秋风吹雨，滴滴答答地打在芭蕉上，我在枕上听着，心像被打碎了一样。

有一天，我在芭蕉叶上戏题了句诗：

是谁多事种芭蕉？早也潇潇，晚也潇潇。

次日，看见芭蕉叶上的诗被人续上了：

是君心绪太无聊。种了芭蕉，又怨芭蕉。

字写得柔媚，一看就是秋芙的戏笔。可是于我而言，却从中悟出了很深的道理。

二十九

春夜请仙扶鸾，瑶花仙史来到祭坛，赋词《双红豆》：

风丝丝，雨丝丝，谁使花粘蛛网丝？春光留一丝。

烟丝丝，柳丝丝，侬与红蚕同有丝。蚕丝依鬓丝。

又作《贺新凉》赠予秋芙：

久未城西过。料如今、夕阳楼畔，芭蕉新大。日日东风吹暮雨，闻道病愁无那。况几日妆台梳裹。纸薄衫儿寒易中，算相宜还是拥衾卧。切莫向，夜深坐。

西池已谢桃花朵。恁青鸾、天天来去，书儿无个。一卷《楞严》应读遍，能否情禅参破？问归计甚时才可？双凤归来星月下，好细斟元碧相称贺。须预报，玉楼我。

道光二十四年（1844），瑶花仙史曾来到草堂，以扶乩落笔指示修炼之道，因而有“久未西城过”一句。

三十

回想道光二十八年（1848）秋日，我写了一首七言诗寄予秋芙：

干萤冷贴屏风死，秋逼兰釭落花紫。
满床风雨不成眠，有人剪烛中宵起。
风雨秋凉玉簟知，镜台钗股最相思。
伤心独忆闺中妇，应是残灯拥髻时。
髻影飘萧同卧病，中间两接红鲂信。
病热曾云甘蔗良，心忪或藉浮瓜镇。
夜半传闻还织素，锦诗渐满回文数。
可怜玉臂岂禁寒，连波只悔从前错。
从前听雨芙蓉室，同衾忆汝初来日。
才见何郎叠合双，便疑司马心非一。
鸿庑牛衣感最深，春衣典后况无金。

六年费汝金钗力，买得萧郎薄幸心。
薄幸明知难自避，脱舆未免参人议。
或有珠期浦口还，何曾剑忍微时弃。
端赖鸳鸯壶内语，疏狂尚为鲰生恕。
无端乞我卖薪钱，明朝便决归宁去。
去日青荷初卷叶，罗衣曾记箱中叠。
一年容易到秋风，渡江又阻归来楫。
我似齐纨易弃捐，怀中冷暖仗人怜。
名争蜗角难言胜，命比蚕缔岂久坚。
莫为机丝曾有故，蛾眉何人能持护？
门前但看合欢花，也须各有归根树。
树犹如此我何堪，近信无由绮阁探。
拥到兰衾应忆我，半窗残梦雨声参。
雨声入夜生惆怅，两家红烛昏罗帐。
一例悲欢各自听，楚魂来去芭蕉上。
芭蕉叶大近窗楹，枕上秋天不肯明。
明日谢家堂下过，入门预想绣鞋声。

此诗稿已经遗失十年，躺在枕上忽然想起，提笔重新写下，恍惚间，犹如一梦。

三十一

夜晚听到虫鸣声声，心中顿有无限凄清，忽然想起宋玉抒发悲秋之情的《九辩》，于是击枕诵读。

秋芙在房间里更衣，半天都没出来。我喊她，她才肯过来，眉间有些许落寞。我问她为何如此，秋芙说："'悲莫悲兮生别离'，这样的诗，你为什么要让我听到呢？"

我安慰她道："因缘离合皆无常，没有定数，你我早已皈依佛门，对其他种种皆无志趣，将来身死，共赴九莲台，也不会分别，何必做这样无益的悲叹呢？昔日，锻金师以一念之誓，历经九十余世的婚姻，何况你我这样虔诚礼佛的人呢？"秋芙点头，但脸颊上的粉妆已被泪水打湿，我也就不再读《九辩》了。

三十二

秋芙收藏有一方镇纸，是吴黟山送给她的。镇纸一尺有余，宽约二寸，相传是乾隆五十七年（1792），泰山上的一棵汉代柏树自燃，钱塘人高迈庵捡拾了一截没被烧毁的木头做成的，还在上面刻了铭文。铭文写道：

汉已往，柏有神。坚多节，含古春。劫灰未烬兮，芸编是亲。然藜比照兮，焦桐共珍。

（汉代已成历史，古柏仍具神魂，它坚实多节，见证了千古之春。历经火焚而幸免于难，得以与之相亲。夕照竹篱茅舍时，主人对它的珍爱犹如焦桐古琴。）

三十三

开窗望月，秋色霜天，一片寂寥。

不禁想起去年今夜，我与秋芙在巢园居阁下赏梅的情景。月色斜照，朦朦胧胧，水光浩渺，上下一色，无垠无尽。我俩登上补梅亭，品茶夜谈，意兴超然。秋芙刚刚插在鬓间的一朵梅花，被檐下垂弯的树枝刮掉了，我又摘了一朵为她戴上。如今亭台倾倒，花木荒芜，唯有月亮长情，还在孤山丛林间徘徊往复。

三十四

秋芙喜欢下棋，但是棋艺不精。每晚，她总是要我陪着下棋，偶尔还下到天亮。我用《鹊桥仙·辛夷花落》里的词句戏问她：“簸钱斗草已都输，问持底今宵偿我？”秋芙藻饰言辞，强行辩道：“你当我赢不了吗？那就让我用佩戴的玉虎作赌注好了。”下了几十子，眼看棋局要输，秋芙便故意让膝上小狗跳到棋盘上，搅乱了棋局。我笑道：“你这是仗着姿色，自比杨玉环，恃宠而骄吧？”秋芙默然，但借着银烛荧光，能看到她的脸颊羞红了。自此以后，秋芙再也不下棋了。

三十七

斜月映窗，忽然显现无数个“人”字，我知道，这不过是堂下的竹影。

记得我们在槐眉山庄居住时，于庄前种了几片竹树，笋刚破土，秋芙就让秀娟背着鸦嘴锄，挖几筐回来，同盐菜一起煮，味道之鲜美，绝不逊于杨万里在《记张定叟煮笋经》中所述。

秀娟出嫁多年，就像是林中鸟被锦带捆绑。只有我，到老仍守居山谷中，鬓发面颜皆不似旧时。竹子若有知，该不会笑话我吧?

三十八

虎跑泉上有几棵桂树，偃伏于石上。桂花盛开时节，满阶黄花飞舞，置身其中，如同游历在天香国，花香沁鼻怡人。

我嗜花成癖，与秋芙常在花下品茶。秋芙折了枝桂花簪在鬓间，额上的发丝被树枝拂乱，我蘸了泉水为她抹平。临走时我们折了好几枝桂花，插在车上，带到城里，想让城中人也知道新秋的消息。

近来听说寺里僧人又种了几株桂树，想来如金粟一般的桂花盛开时，定能给寺中如来增色不少。

秋风将至，花信不远。花神若有灵，也会想起去年的看花人吧？

三十九

宾梅借住在我家草堂，夜漏三更，听到邻家失火，他急忙带着仆从去帮忙。到门口时，火已扑灭，只听得空中有人说道：“今天若不是有非凡之人居住于此，此地早就化为焦土了。”话音刚落，就有两位道人、一位僧人从天而降。一位道人戴莲花冠，着绣蟠龙蝙蝠的袍子；另一位玉面长须，衣帽都是金黄色的。僧人跟在道人身后，看起来憨厚木讷。戴莲花冠的道人说：“我的名字叫证若，住在青城赤水之间，来这里拜访蒋居士。”他与长须道人扬着拂尘放歌，歌词洋洋洒洒数千字，根本来不及一一记下，只记得最后一句：

只回来巧递了云英密信，那裴航痴了心，何时得醒？

若不早回头，累我飞升。醒，醒，醒，明

日阴晴难信。

歌罢，两道一僧皆不见了影踪。宾梅急忙赶过去，只见房外星月映照，房内残灯昏幽，唯有落叶的响动，原来刚刚的情景是一场大梦。

早上，宾梅把梦讲给我听，我说："我们家不杀生已有数十年，修鸿宝之道也有六七年，如今已有所悟，但仍未得大彻大悟、返还仙界的要领。莫非是仙师怜悯我的凡愚，托梦现身，点化于我吗？歌词提到的'云英'，意为红颜，难道是在暗示我还牵绊于男女姻缘，所以特来警示我吗？"当时我和秋芙念《陀罗尼忏》已有数月，那位僧人莫非是观音的化身，寻着我们的诵经声从西方天竺而来？

四十

秋芙抱病，回娘家住了六十余日。陪伴侍候她的奴仆都疲惫不堪，能够日夜不间断地照顾她的，只有我和她妹妹侣琼。我有时回家休息，侣琼就替我照料秋芙，事事都亲手操持，所以在药炉、病榻之间，我靠着侣琼的帮忙才得以喘息。

侣琼照顾秋芙，自然是出于姐妹情谊，然而当此患难时，她能苦中作乐，连她自己都不知道为何能做到。秋芙天生重感情，病中尤其为情所缚。我一回来，她就派人喊我过去。我过去了，她又一言不发。侣琼问她为什么，秋芙答道："我命如游丝一般，自知时日无多，恐怕在仓促之间不能见上最后一面，他来我身边，我就可以随时放心去了。"

我听了此言，一开始觉得心痛不已，后来想到秋芙念佛二十年，立誓升天成仙，如今见她有如此心念，怕是对人间还有执着牵绊，无法超脱轮回。红尘七情六欲，对生与爱的眷恋，确实难以放下。

四十一

秋夜漫漫，我同秋芙的妹妹佩琪下围棋，结果三盘都输了。想我平日自诩棋艺精绝，从未让人，佩琪年纪尚幼，就有如此造诣，莫非是天赋异禀？她性格沉静，娴雅脱俗，写字作诗，无不精通，自言上辈子是上清宫的仙子。我看她神寒骨清，的确不是凡尘烟火中人。如今我已有数年未同佩琪对弈，想必她的棋技应更加精进了。有朝一日，若有机会再对弈，我当同楚国司马公子侧那样重整旗鼓，以雪当年败北之耻。

四十二

踏月归来，秋芙正在灯下与姐妹们掷骰子。其中有个女子掷了六个一点，我于是戏作《卜算子》一首给她：

妆阁夜呼卢，钗影阑干背。六个骰儿六个窝，到底都成对。

借问阿谁赢，莫是青溪妹？赚得回头一顾无，试报说金钗坠。

秋芙看后笑道：“写这么香艳的词，就不怕仙师王方平罚你吗？”

四十三

近来，我作了一首小词，其中有“不是绣衾孤，新来梦也无”之句。还有一首《买陂塘》，后半段是：

中门掩，更念荀郎忧困，玉瓯莲子亲进。无端别了秦楼去，食性何人猜准。

闲抚鬓，看半载相思，又及三春尽。前期未稳，怕再到兰房，剪灯私语，做梦也无分。

当时，宾梅拿了把纨扇来要我题字，我就把这首词抄给了他。宾梅看后，笑道：“为什么‘做梦也无分’？梦里怎么也不能相守呢？”

秋芙引述我的词说：“因为‘新来梦也无’，连梦都没了，如何相守呢？”

我们都大笑起来。

四十四

道光二十四年（1844）秋天，朋友邀我游西湖。夜深后，我染了风寒，次日又到吴山笙鹤楼聚会，酒后风寒更严重了。回家后，我便发烧，险些病死。靠着占卜开方，才得以病愈。

隔了一年，即道光二十六年（1846），我又发了背疽，紧跟着又得了疟疾。临近秋试，我抱病登车，还没赶到考场，就已经不清醒了。仆从抬我回来，一个月后身体才得以好转。

道光二十九年（1849）夏天，我又患上了痢疾，卧床三月，剧痛难忍。

六年之中，三遭病劫，秋芙服侍在侧，衣不解带。可她娇弱的身体，怎经得起劳累呢？所以我病了三场，秋芙也跟着病了三回。

我生性懒怠，自道光二十九年（1849）父亲病故，便心灰意冷，再没有科考入仕的念头，只记挂着亡故的亲人还没安葬、弟弟成人了还没婚娶，这些都是我平生未完成的任务。好在墓穴已经建好，只需占卜吉日安葬；弟弟年已二十，在靠近城郭处有几顷田，耕种秋收，足够度日。

我想几年之后，与秋芙在华坞河岸结庐建舍，日夜敲钟念经，忏除慧业。待到修成正果，共见佛陀，听无生之法。即便我俩再转世人间，也愿生生世世永为夫妻。

明日即是如来佛的涅槃日，我们当持此誓言，佛前为证。

◆◆◇ 原文

咸丰二年初版序

昔读易安居士所为《金石录后序》，赌茶读画，不少敷陈，镜槛书床，可想文采。今观蔼卿茂才《秋灯琐忆》一编，比“水绘影梅”（冒辟疆《影梅庵忆语》）诸作，情事殊科，词笔同美。夫其洞房七夕，始自定情，梵夹三乘，终于偕隐。十年湖上，千诗集中，环阶流水，所居楼台，当户远山，相对屏障，饮渌餐秀，倡妍酬丽，从来徐淑，不仅篇章，自是高柔，无虚爱玩，篢谷晚食，文不独游，莲庄夏清，赵乃双笑，闺房之事，有甚画眉，香艳之词，罔恤多口，恐讥麟楥，遂谢鹤书。诗好抱山，词工饮水，偶成小品，首示鄙人，间述闲情，弗删绮语，多生慧业，刹那前尘，顶礼金仙，心香琼馆，更积岁月，重出清新，神仙眷属之羡，当不止如漱玉之所序矣。

咸丰壬子岁六月辛丑立秋日
皋亭山民魏滋伯书于小戆窝

扫描二维码
听本书音频精华版

一

道光癸卯闰秋，秋芙来归。漏三下，臧获[1]皆寝。秋芙绾堕马髻，衣红绡之衣，灯花影中，欢笑弥畅，历言小年嬉戏之事。渐及诗词，余苦木舌挢不能下，因忆昔年有传闻其《初冬诗》云“雪压层檐重，风欺半臂单”，余初疑为阿翘[2]假托，至是始信。于时桂帐虫飞，倦不成寐。盆中素馨，香气滃然，流袭枕簟。秋芙请联句，以观余才，余亦欲试秋芙之诗，遂欣然诺之。余首赋云：“翠被鸳鸯夜。”秋芙续云：“红云蠛蠓楼。花迎纱幔月。”余次续云：“入觉枕函秋。”犹欲再续，而檐月暧斜，邻钟徐动，户外小鬟已喁喁来促晓妆矣。余乃阁笔而起。

① 臧获，古代对奴婢的贱称。

② 阿翘，泛指传唱诗篇的歌伎舞者一类的人物。

二

数日不入巢园，阴廊之间，渐有苔色，因感赋二绝云：“一觉红蕤[①]梦，朝来记不真。昨宵风露重，忆否忍寒人？”“镜槛无人拂，房栊久不开。欲言相忆处，户下有青苔。”时秋芙归宁三十五日矣。群季青绫，兴应不浅，亦忆夜深有人，尚徘徊风露下否？

① 蕤（ruí），意为花。红蕤枕是传说中的仙枕。

三

秋芙之琴，半出余授。入秋以来，因病废辍。既起，指法渐疏，强为理习，乃与弹于夕阳红半楼上。调弦既久，高不成音；再调，则当五徽[①]而绝。秋芙索上新弦，忽烟雾迷空，窗纸欲黑。下楼视之，知雏鬟不戒，火延幔帷。童仆扑之始灭。乃知猝断之弦，其谶不远；况五，火数也，应徽而绝，琴其语我乎？

① 徽，指琴徽，古琴音位标识，共有十三个，从琴首开始，依次为第一徽、第二徽……

四

秋芙以金盆捣戎葵叶汁，杂以云母之粉，用纸拖染，其色蔚绿，虽澄心之制，无以过之。曾为余录《西湖百咏》，惜为郭季虎携去。季虎为余题《秋林著书图》云：“诗成不用苔笺写，笑索兰闺手细钞。”即指此也。秋芙向不工书，自游魏滋伯、吴黟山两丈之门，始学为晋唐格。惜病后目力较差，不能常事笔墨。然间作数字，犹是秀媚可人。

五

夏夜苦热，秋芙约游理安。甫出门，雷声殷殷，狂飙疾作。仆夫请回车，余以游兴方炽，强趣之行。未及南屏，而黑云四垂，山川暝合。俄见白光如练，出独秀峰顶，经天丈余，雨下如注，乃止大松树下。雨霁更行，觉竹风骚骚，万翠浓滴，两山如残妆美人，蹙黛垂眉，秀可餐食。余与秋芙且观且行，不知衣袂之既湿也。时月查开士主讲理安寺席，留饭伊蒲[①]，并以所绘白莲画帧见贻。秋芙题诗其上，有“空到色香何有相，若离文字岂能禅”之句。茶话既洽，复由杨梅坞至石屋洞。洞中乱石排拱，几案俨然。秋芙安琴磐磴，鼓《平沙落雁》之操。归云滃然，涧水互答，此时相对，几忘我两人犹生尘世间也。俄而残暑渐收，暝烟四起，回车里许，已月上苏堤杨柳梢

① 伊蒲，即伊蒲供，泛指素食、斋饭。

矣。是日，屋漏床前，窗户皆湿，童仆以重门锁扃，未获入视。俟归，已蝶帐蠹橱，半为泽国。呼小婢以筠笼熨之，五鼓始睡。

六

秋芙喜绘牡丹，而下笔颇自矜重。嗣从老友杨渚白游，活色生香，遂入南田之室。时同人中寓余草堂及晨夕过从者，有钱文涛、费子苕、严文樵、焦仲梅诸人，品叶评花，弥日不倦。既而钱去杨死，焦、严诸人各归故乡。秋芙亦以盐米事烦，弃置笔墨。唯余纨扇一枚，犹为诸人合画之笔，精神意态，不减当年，暇日观之，不胜宾朋零落之感。

七

桃花为风雨所摧，零落池上。秋芙拾花瓣砌字，作《谒金门》词云：“春过半，花命也如春短。一夜落红吹渐满，风狂春不管。”“春”字未成，而东风骤来，飘散满地。秋芙怅然。余曰：“此真个‘风狂春不管’矣！”相与一笑而罢。

八

余旧蓄一绿鹦鹉，字曰“翠娘”，呼之辄应。所诵诗句，向为侍儿秀娟所教。秀娟既嫁，翠娘饮啄常失时，日渐憔悴。一日，余起盥沐，闻帘外作细语声，恍如秀娟声吻，惊起视之，则翠娘也。杨枝[①]去数月矣，翠娘有知，亦忆教诗人否？

---

① 杨枝，指白居易的侍妾樊素。因樊素善唱《杨柳枝》曲，并因唱此曲出了名，故以“杨枝”代称。后喻指侍妾、婢女，或思念的女子。此处代指秀娟。

九

秋芙每谓余云："人生百年，梦寐居半，愁病居半，襁褓垂老之日又居半；所仅存者，十之一二耳。况我辈蒲柳之质，犹未必百年者乎！庚兰成[①]云：'一月欢娱，得四五六日。'想亦自解语耳。"斯言信然。

① 庚兰成，南北朝时期文学的集大成者，"宫体诗"的代表人物之一。

十

平生未作百里游。甲辰娥江[1]之役，秋芙方病寒疾，欲更行期。而行装既发，黄头[2]促我矣。晚渡钱江，飓风大作，隔岸越山，皆低鬟敛眉，郁郁作相对状，因忆子安《滕王阁序》云："天高地迥，觉宇宙之无穷；兴尽悲来，识盈虚之有数。"殊觉此身茫茫，不知当置何所。明河在天，残灯荧荧，酒醒已五更时矣。欲呼添衣，而罗帐垂垂，四无人应。开眼视之，始知此身犹卧舟中也。

① 娥江，即曹娥江，为钱塘江的支流，因东汉少女曹娥入江救父而得名。

② 黄头，船夫。

十一

秋月正佳，秋芙命雏鬟负琴，放舟两湖荷芰之间。时余自西溪归，及门，秋芙先出，因买瓜皮迹之，相遇于苏堤第二桥下。秋芙方鼓琴作《汉宫秋怨》曲，余为披襟而听。斯时四山沉烟，星月在水，琤瑽杂鸣，不知天风声环佩声也。琴声未终，船唇已移近漪园南岸矣。固叩白云庵门。庵尼故相识也，坐次，采池中新莲，制羹以进。香色清冽，足沁肠腑，其视世味腥膻，何止薰莸[①]之别。回船至段家桥，登岸，施竹簟于地，坐话良久。闻城中尘嚣声，如蝇营营，殊聒人耳。桥上石柱，为去年题诗处，近为玭衣剥蚀，无复字迹。欲重书之，苦无中书[②]。其时星斗渐稀，湖气横白，听城头更鼓，已沉沉第四通矣，遂携琴刺船而去。

---

① 薰莸（xūn yóu），香草和臭草，喻善恶、贤愚、好坏。

② 中书，即中书君，毛笔的别称。

十二

余莲村来游武林[①]，以惠山泉一瓮见饷。适墨傎开士主讲天目山席，亦寄头纲茶来。竹炉烹饮，不啻如来滴水，遍润八万四千毛孔，初不待卢仝七碗[②]也。莲村止余草堂十有余日，剪烛论文，有逾胶漆；惜言欢未终，饥为驱去。树云相望，三年于兹矣。常忆其论吴门诸子诗，极称觉阿开士为闻见第一。觉阿以名秀才剃落佛前，磨砖[③]十年，得正法眼藏[④]。所居种梅三百余本，香雪满时，趺坐其下，禅定既起，间事吟咏。有《咏怀诗》云："自

---

① 武林，杭州的旧称。

② 七碗，出自唐代诗人卢仝的七言古诗《走笔谢孟谏议寄新茶》，代指品饮新茶给人的美妙意境。

③ 磨砖，比喻艰苦修行。

④ 正法眼藏，佛教用语，禅宗用来指全体佛法。朗照宇宙谓眼，包含万有谓藏。

从一见《楞严》后，不读人间糠粕书。”昔简斋老人[①]论《华严经》云：“文义如一桶水，倒来倒去。”不特不解《华严》，直是未见《华严》语。以视觉阿，何止上下床之别[②]耶！惜未见全诗，不胜半偈之憾。闻莲村近客毗陵，暇日当修书问之。

---

① 简斋老人，即清代诗人袁枚，字子才，号简斋。

② 上下床之别，典出《三国志·魏志·陈登传》，原指区别对待，后指才能、见识、成就高低有别。

十三

夜来闻风雨声，枕簟渐有凉意。秋芙方卸晚妆，余坐案傍，制《百花图记》未半，闻黄叶数声，吹堕窗下。秋芙顾镜吟曰：“昨日胜今日，今年老去年。”余怃然云：“生年不满百，安能为他人拭涕！”辄为掷笔。夜深，秋芙思饮，瓦铞温暾，已无余火，欲呼小鬟，皆蒙头户间，为趾离[1]召去久矣。余分案上灯置茶灶间，温莲子汤一瓯饮之。秋芙病肺十年，深秋咳嗽，必高枕始得熟睡。今年体力较强，拥髻相对，常至夜分，殆眠餐调摄之功欤？然入秋犹未数日，未知八九月间更复何如耳。

---

① 趾离，梦神的名字。

十四

余为秋芙制梅花画衣，香雪满身，望之如绿萼仙人，翩然尘世。每当春暮，翠袖凭栏，鬓边蝴蝶，犹栩栩然不知东风之既去也。

十五

扫地焚香，喻佛法耳，谓如此即可成佛，则值寺阇黎[1]，已充满极乐国矣。秋芙性爱洁，地有纤尘，必亲事笤帚。余为举王栖云偈云：“日日扫地上，越扫越不净。若要地上净，撇却笤帚柄。”秋芙卒不能悟。秋芙辨才十倍于我，执于斯者，良亦积习使然。

① 阇黎，梵语，意为高僧，也泛指僧人、和尚。

十六

余居湖上十年，大人月给数十金，资余盐米。余以挥霍，每至匮乏，夏葛冬裘，递质递赎，敝箧中终岁常空空也。曾赋诗示秋芙云：“一寒至此怜张禄，再拥无由惜谢耽。箧为频搜卿有意，裈犹可挂我何惭。”纪实也。

十七

丁未冬，伊少沂大令课最[1]北行，余饯之草堂，来会者二十余人。酒次，李山樵鼓琴，吴康甫作擘窠书[2]，吴乙杉、杨渚白、钱文涛分画四壁，余或拈韵赋诗，清谈瀹茗。唯施庭午、田望南、家兄宾梅十余人，踞地赌霸王拳，狂饮疾呼，酒尽数十觥不止。是夕，风月正佳，余留诸人为长夜饮。羊灯既上，洗盏更酌，未及数巡，而呼酒不至。讶询秋芙，答云："瓶罍罄矣。床头唯余数十钱，余脱玉钏换酒，酒家不辨真赝，今付质库，去市远，故未至耳。"余为诵元九"泥他沽酒拔金钗"诗，相对怅然。是集得诗数十篇，酒尽八九瓮，数年来文酒之乐，于斯为

---

① 课最，指在官吏任满赴京考核中被评为最高等。

② 擘窠书，大字的别称。古人写碑力求匀整，有以横直界线画成方格者，叫"擘窠"。

盛。自此而后，踪迹天涯，云萍聚散，余与秋芙亦以尘事相羁，不能屡为山泽游矣。

十八

秋芙素不工词，忆初作《菩萨蛮》云：“莫道铁为肠，铁肠今也伤。”造意尖新，无板滞之病。其后余游山阴，秋芙制《洞仙歌》见寄，气息深稳，绝无疵颣[①]，余始讶其进境之速。归后索览近作，居然可观，乃知三日之别，固非昔日阿蒙[②]矣。昔瑶花仙史降乩[③]巢园，目秋芙为昙阳[④]后身，观其辨才，似亦可信。加以长斋二十年，《楞严》《法华》熟诵数千卷，定而生慧，一指半偈，犹能言下了悟，况区区文字间乎！昔人谓“书到今生读已迟”，余于秋芙信之矣。

---

① 颣（lèi），本意为丝上的结，引申为缺点、毛病。

② 阿蒙，出自《三国志·吴志·吕蒙传》：“士别三日，即更刮目相待。”

③ 降乩，一种求问神灵的迷信活动，谓扶乩时神灵降下旨意。

④ 昙阳，明代王锡爵之女，名焘贞，号昙阳子。曾许配给徐景韶，未嫁而死。因幼奉观音，世传其得道化仙而去。

十九

秦亭山西去二十里，地名西溪，余家槐眉庄在焉。缘溪而西，地多芦苇，秋风起时，晴雪满滩，水波弥漫，上下一色。芦花深处，置精蓝[①]数椽，以奉瞿昙[②]，曰“云章阁”。阁去庄里余，复涧回溪，非苇杭不能到也。时有佛缘僧者，居华坞∴斋[③]，相传戒律精严，知未来之事。乙巳秋，余因携秋芙访之，叩以面壁宗旨，如聩如聋，鼻孔撩天，曷胜失笑。时残雪方晴，堂下绿梅，如尘梦初醒，玉齿粲然。秋芙约为永兴寺游，遂与登二雪堂，观汪夫人[④]方佩书刻。还坐溪上，寻炙背鱼、翦尾螺，皆颠师胜

① 精蓝，寺院、僧舍。

② 瞿昙，释迦牟尼的姓，代指佛。

③ ∴斋，指僧人修行之所。∴是梵文，三点象征法身、般若和解脱三德秘藏。

④ 汪夫人，即汪端，清代女诗人。

迹。明日更游交芦、秋雪诸刹，寺僧以松萝茶进，并索题《交芦雅集图卷》。回船已夕阳在山，晚钟催饭矣。霜风乍寒，溪上澄波粼粼，作皱縠纹。秋芙时着薄棉，有寒色，余脱半臂拥之。夜半至庄，吠尨[1]迎门，回望隔溪渔火，不减鹿门晚归时也。秋芙强余作游记诗，遂与挑灯命笔，不觉至曙。

① 尨（máng），多毛的狗。

二十

秋芙有停琴伫月小影，悬之寝室，日以沉水[①]供之。将归，戏谓余曰："夜窗孤寂，留以伴君，君当酬以瓣香[②]。无扃置空房，令娥眉有秋风团扇悲[③]也。"

---

① 沉水，沉水香的简称，指沉香。

② 瓣香，佛教用语，又称"一瓣香"。

③ 秋风团扇悲，秋风起后，扇子就用不到了。旧时比喻不再受男子宠爱的女子，典出汉代班婕妤《怨歌行》。

二十一

晓过妇家。窗栊犹闭，微闻仓琅一声，似鸾篦堕地，重帘之中，有人晓妆初就也。时初日在梁，影照窗户，盘盘腻云，光足鉴物，因忆微之诗云：“水晶帘底看梳头。”古人当日，已先我消受眼福。

二十二

关、蒋故中表亲。余未聘时，秋芙来余家，绕床弄梅[1]，两无嫌猜。丁亥元夕，秋芙来贺岁，见于堂前。秋芙衣葵绿衣，余着银红绣袍，肩随额齐，钗帽相傍。张情齐丈[2]方居巢园，谓大人曰：“俨然佳儿佳妇。”大人遂有丝萝[3]之意。后数月，巢园鼠姑[4]作花，大人招亲朋，置酒花下。秋芙随严君来。酒次，秋芙收筵上果脯，藏帕中。余夺之，秋芙曰：“余将携归，不汝食也。”余戏解所系巾，曰：“以此缚汝，看汝得归去否？”秋芙惊泣，乳妪

① 绕床弄梅，出自李白的《长干行》之一：“妾发初覆额，折花门前剧。郎骑竹马来，绕床弄青梅。”

② 丈，对老年男子的敬称。

③ 丝萝，菟丝与女萝。两者均为蔓生植物，缠绕于草木间，很难分开，象征男女婚姻。

④ 鼠姑，牡丹。

携去始解。大人顾之而笑。固倩俞霞轩师为之蹇修[①]，筵上聘定。自后数年，绝不相见。大人以关氏世有姻娅[②]，岁时仍率余趋谒，故关氏之庭，迹虽疏，未尝绝也。忆壬辰新岁，余往，入门见青衣小鬟，拥一粲姝上车而去。俄闻屏间笑声，乃知出者即为秋芙。又一年，圜桥试[③]近，妻父集同人会文，意在察婿。置酒后堂，余列末座。闻湘帘之中，环玉相触，未知有秋芙在否。又一年，余行市间，忽车雷声中，帘幰[④]疾卷，中有丽人，相注作熟视状。最后一车，似是妻母，意卷帘人即膝前娇女也。又一年，余举弟子员[⑤]，大人命余晋谒。庭遇秋芙，戴貂茸，立蜜梅花下。俄闻银钩一声[⑥]，无复鸿影。余自聘及迎，相去凡十五年，五经邂逅，及却扇筵前[⑦]，剪灯相见，始知颊上双涡，非复旧时丰满矣。今去结缡[⑧]又复十载，余与秋

① 蹇修，媒妁。

② 姻娅，婿父称姻，两婿互称娅，即亲家和连襟，泛指姻亲。

③ 圜桥试，县学的入学考试。

④ 幰（xiǎn），车上的帷幔。

⑤ 举弟子员，指成为县学的生员。

⑥ 银钩一声，古时帘子常用银质挂钩卷起，此处形容秋芙进了屋。

⑦ 却扇筵前，指举行婚礼。古时婚俗，新娘要以扇遮面，夫妻交拜后，将扇子移开，称为“却扇”。

⑧ 结缡，代指男女缔结婚约。女子临嫁，母亲会为女儿系结佩巾，以示至男家后，要侍奉舅姑，操持家务。

芙皆鬓有霜色，未知数年而后，更作何状？忽忽前尘，如梦如醉，质之秋芙，亦忆一二否？

二十三

秋芙谓:“元九《长庆集》诗，如土饭尘羹，食者不知有味。唯《悼亡》三诗，字字泪痕，不堕浮艳之习。”余曰:“未必不似宋考功于刘希夷事耳。不然，微之轻薄小人，安能为此刻骨语?”

二十四

余读《述异记》云“龙眠于渊，颔下之珠为虞人[①]所得，龙觉而死”，不胜叹息。秋芙从旁语曰：“此龙之罪也。颔下有珠，则宜知宝。既不能宝而为人得，则唏嘘云雨，与虞人相持江湖之间，珠可还也。而以身殉之，龙则逝矣，而使珠落人手，永无还日，龙岂爱珠者哉？”余默然良久，曰：“不意秋芙亦能作议论，大奇。”

① 虞人，掌山泽之官。

二十五

葛林园为招贤寺遗址，有水榭数楹，俯瞰竹石。榭下有池，短彴[1]横架其上。池偏凌霄花一本，藤蔓蜿蜒，相传为唐宋时物，诗僧半颠及其师破林，驻锡于此数十年矣。己酉初夏，积潦成灾，余所居草堂，已为泽国。半颠以书相招，遂与秋芙往借居焉。是时，城市可以行舟，所交宾朋，无不中隔。日与半颠谈禅，间以觞咏，悠悠忽忽，不知人间有岁月矣。闻岳坟卖馂馅馒首，日使赤脚婢数钱买之。啖食既饱，分饲池鱼。秋芙起拊栏楯，误堕翠簪，水花数圈，杳无所迹，唯簪上所插素馨，漂浮波上而已。池偏为梁氏墓庐，庐西有门，久鞠茂草。庐居梁氏族子数人，出入每由寺中。梁有劣弟，贫乏不材。余居月余，阋墙之声，未歇于耳。一日，余行池上，闻剥啄声。

① 彴（zhuó），独木桥。

寺僧方散午斋，余为启扉。有毡笠布衣者，问梁某在否，余为指示。其人入梁氏庐，余亦闭门。半颠知之，因见梁，问来者云何，梁曰：“无之。”相与遍索室中，不得。唯东偏小楼，扃闭甚固，破窗而入，其弟已缢死床上矣，乃知叩门者缢死鬼耳！自后鬼语啾啾，夜必达旦，梁以心恇迁去。余与秋芙虽恃《楞严》卫护之力，而阴霾逼人，究难长处。时水潦已退，旋亦移归草堂，嗣闻半颠飞锡南屏。余不过此寺又数年矣，未知近日楼中，尚复有人居住否？

二十六

枕上不寐，与秋芙论古今人才，至韩擒虎，余曰："擒虎生为上柱国[①]，死不失为阎罗王，亦侥幸甚矣。"秋芙笑曰："特张嫦娥[②]诸人之冤，无可控告，奈何？"

① 上柱国，勋位，军事统帅。

② 张嫦娥，南北朝时期南朝陈后主陈叔宝的宠妃张丽华。

二十七

大人晚年多病，余与秋芙结坛修玉皇忏仪[1]四十九日。秋芙作骈俪疏文，辞义奥艳，惜稿无遗存，不可记忆。维时霜风正秋，瓶中黄菊，渐有佳色。夜深钟磬一鸣，万籁皆伏。沈烟笼罩中，恍觉上清宫阙，即现眼前，不知身在人世间也。

---

① 忏仪，指僧道为人祈祷忏悔的仪式。玉皇忏仪指在忏仪上诵读《玉皇忏》经文。

二十八

秋芙所种芭蕉，已叶大成阴，荫蔽帘幕。秋来雨风滴沥，枕上闻之，心与俱碎。一日，余戏题断句叶上云：“是谁多事种芭蕉？早也潇潇，晚也潇潇。”明日见叶上续书数行云：“是君心绪太无聊。种了芭蕉，又怨芭蕉。”字画柔媚，此秋芙戏笔也，然余于此，悟入正复不浅。

二十九

春夜扶鸾，瑶花仙史降坛，赋《双红豆》词云：“风丝丝，雨丝丝，谁使花粘蛛网丝？春光留一丝。烟丝丝，柳丝丝，侬与红蚕同有丝。蚕丝侬鬓丝。”又《贺新凉》赠秋芙云：“久未城西过。料如今、夕阳楼畔，芭蕉新大。日日东风吹暮雨，闻道病愁无那。况几日妆台梳裹。纸薄衫儿寒易中，算相宜还是摊衾卧。切莫向，夜深坐。西池已谢桃花朵。恁青鸾、天天来去，书儿无个。一卷《楞严》应读遍，能否情禅参破？问归计甚时才可？双凤归来星月下，好细斟元碧相称贺。须预报，玉楼我。”甲辰岁，仙史曾降笔草堂，指示金丹还返之道，故有“久未西城过”之语。

三十

忆戊申秋日，寄秋芙七古一首，诗云："干萤冷贴屏风死，秋逼兰釭落花紫。满床风雨不成眠，有人剪烛中宵起。风雨秋凉玉簟知，镜台钗股最相思。伤心独忆闺中妇，应是残灯拥髻时。髻影飘萧同卧病，中间两接红鲂信。病热曾云甘蔗良，心忪或藉浮瓜镇。夜半传闻还织素，锦诗渐满回文数。可怜玉臂岂禁寒，连波只悔从前错。从前听雨芙蓉室，同衾忆汝初来日。才见何郎叠合双，便疑司马心非一。鸿庑牛衣感最深，春衣典后况无金。六年费汝金钗力，买得萧郎薄幸心。薄幸明知难自避，脱舆未免参人议。或有珠期浦口还，何曾剑忍微时弃。端赖鸳鸯壶内语，疏狂尚为鲰生恕。无端乞我卖薪钱，明朝便决归宁去。去日青荷初卷叶，罗衣曾记箱中叠。一年容易到秋风，渡江又阻归来楫。我似齐纨易弃捐，怀中冷暖仗人怜。名争蜗角难言胜，命比蚕缗岂久坚。莫为机丝曾有故，蛾眉何人能持护？门前但看合欢花，也须各有归根树。树犹如此我何堪，近信无由绮阁探。拥到兰衾应忆我，半窗残梦雨声参。雨声入夜生惆怅，两家红烛昏罗帐。一例悲欢各自听，楚魂来去芭蕉上。芭蕉叶大近窗楹，枕上秋天不肯明。明日谢家堂下过，入门预想绣鞋声。”此稿遗佚十年，枕上忽忆及之，命笔重书，恍惚如梦。

三十一

晚来闻络纬[①]声，觉胸中大有秋气。忽忆宋玉[②]悲秋《九辩》，击枕而读。秋芙更衣阁中，良久不出。闻唤始来，眉间有秋色。余问其故，秋芙曰："'悲莫悲兮生别离'，何可使我闻之？"余慰之曰："因缘离合，不可定论。余与子久皈觉王[③]，誓无他趣。他日九莲台上，当不更结离恨缘，何作此无益之悲也？昔锻金师以一念之誓，结婚姻九十余劫，况余与子乎？"秋芙唯唯，然颊上粉痕，已为泪花污湿矣。余亦不复卒读。

---

① 络纬，纺织娘，夏秋夜间振羽作声，声如纺线，故名。

② 宋玉，又名子渊，楚国辞赋作家，生于屈原之后。

③ 觉王，佛的别称。

三十二

秋芙藏有书尺，为吴黟山所贻。尺长尺余，阔二寸许。相传乾隆壬子，泰山汉柏出火自焚，钱塘高迈庵拾其烬余，以为书尺，刻铭于上。铭云：“汉已往，柏有神。坚多节，含古春。劫灰未烬兮，芸编是亲。然藜比照兮，焦桐共珍。”

三十三

开户见月，霜天悄然，固忆去年今夕，与秋芙探梅巢居阁下，斜月暧空，远水渺弥，上下千里，一碧无际。相与登补梅亭，瀹茗[①]夜谈，意兴弥逸。秋芙方戴梅花鬓翘，虬枝在檐，遽为攫去，余为摘枝上花补之。今亭且倾圮，花木荒落，唯姮娥[②]有情，尚往来孤山林麓间耳。

---

① 瀹茗（yuè míng），煮茶。

② 姮娥，嫦娥。

三十四

秋芙好棋，而不甚精，每夕必强余手谈[①]，或至达旦。余戏举竹垞[②]词云："簸钱斗草[③]已都输，问持底今宵偿我？"秋芙故饰词云："君以我不能胜耶？请以所佩玉虎为赌。"下数十子，棋局渐输，秋芙纵膝上猧儿搅乱棋势。余笑云："子以玉奴[④]自况欤？"秋芙嘿然[⑤]。而银烛荧荧，已照见桃花上颊矣。自此更不复棋。

---

① 手谈，即下围棋。因下棋时，默不作声，仅靠一只手的中指和食指运筹棋子斗智斗勇，故称。

② 竹垞，清代朱彝尊的别号。

③ 簸钱斗草，簸钱和斗草都是古代民间赌输赢的游戏。

④ 玉奴，杨玉环，唐明皇的贵妃，曾在明皇下棋将输时纵小狗破坏棋盘搅局。

⑤ 嘿然，沉默无言的样子。

三十五

去年燕来较迟，帘外桃花，已零落殆半。夜深巢泥忽倾，堕雏于地。秋芙惧为猧儿所攫，急收取之，且为钉竹片于梁，以承其巢。今年燕子复来，故巢犹在，绕屋呢喃，殆犹忆去年护雏人耶？

三十六

同里沈湘涛夫人与秋芙友善，赠以所著诗词属为删校。中有句云：“却喜近来归佛后，清才渐觉不如前。”因忆前见朱莲卿诗，有“却喜今年身稍健，相逢常得笑颜生”之句，两“喜”字用法不同，各极沉痛。莲卿近得消渴疾，两月未起，霜风在林，未知寒衣曾检点否？

三十七

斜月到窗，忽作无数个“人”字，知堂下修篁解箨[①]矣。忆居槐眉庄，庄前种竹数弓。笋泥初出，秋芙命秀娟携鸦嘴锄，劚数筐，煮以盐菜，香味甘美，初不让廷秀[②]《煮笋经》也。秀娟嫁数年，如林中绿衣人得锦绷儿矣。唯余老守谷中，鬓颜非故，此君有知，得无笑人？

---

① 解箨（jiě tuò），竹笋脱壳。

② 廷秀，宋代诗人杨万里，字廷秀。

三十八

虎跑泉上有木樨数株，偃伏石上，花时黄雪满阶，如游天香国中，足怡鼻观。余负花癖，与秋芙常煮茗其下。秋芙拗花簪鬓，额上发为树枝捎乱，余为蘸泉水掠之。临去折花数枝，插车背上，携入城闉[①]，欲人知新秋消息也。近闻寺僧添植数本，金粟世界，定更为如来增色矣。秋风匪遥，早晚应有花信，花神有灵，亦忆去年看花人否？

① 闉（yīn），城防工事的进出口。

三十九

宾梅宿予草堂，漏三下，闻邻人失火，急率仆从救之。及门，已扑灭矣，唯闻空中语云："今日非有力人居此，此境几为焦土。"言顷，有二道人与一比丘自天而下。道人戴藕华冠，衣蟠龙蠛蠓之袍。其一玉貌长髯，所衣所冠皆黄金色。比丘踵道人之后，若木若讷。藕冠者曰："吾名证若，居青城赤水之间，访蒋居士至此。"与长须道人拂尘而歌，歌长数千言，未暇悉记。唯记其末句云："只回来巧递了云英[1]密信，那裴航[2]痴了心，何时得醒？若不早回头，累我飞升。醒，醒，醒，明日阴晴难信。"歌竟而逝。趋视之，则星月在户，残灯不明，唯闻落叶数声，蘧然一梦觉也。既旦，告予，予曰："余家断

①② 云英、裴航，均典出《太平广记》，记载的是一个仙凡相恋的故事。

杀数十年，而修鸿宝之道[①]六七载，至今黄螾[②]飞腾，犹少返还之诀。岂仙师垂悯凡愚，现身说法欤？歌中曰‘云英’，云英者，岂以余闺房之缘，未解缠缚，而讽咏示警欤？”时予与秋芙修《陀罗尼忏》数月矣，所谓比丘者，岂观音化身，寻声自西竺来欤？

---

① 鸿宝之道，即道教修仙炼丹之书，泛指道教典籍。

② 黄螾，黄帝时代的蚯蚓。

四十

秋芙病，居母家六十余日。臧获陪侍，多至疲惫。其昼夜不辍者，仅余与妻妹侣琼耳。余或告归，侣琼以身代予，事必手亲，故药炉病榻之间，予得赖以息肩。侣琼固情笃友于，然当此患难之时，而荼苦能甘，亦不自觉何以至是也。秋芙生负情癖，病中尤为缠缚。余归，必趣人召余，比至，仍无一语。侣琼问之，秋芙曰："余命如悬丝，自分难续，仓猝恐无以与诀，彼来，余可撒手行耳。"余闻是言，始觉腹痛，继思秋芙念佛二十年，誓赴金台之迎，观此一念，恐异日轮堕人天，秋芙犹未能免。手中梧桐花，放下正自不易耳。

四十一

秋夜正长，与妻妹佩琪围棋，三战三北。自念平生此技未肯让人，佩琪年未及笄，所造如此，殆天授耶？佩琪性静默，有林下风[①]，字与诗篇，靡不精晓，自言前身自上清宫来。观其神寒骨清，洵非世间烟火人也。今不与对局数年矣，布算之神，应更倍昔。他日谢家堂上，当效楚子反整师复战，期雪曩年城下之耻。

① 林下风，出自《世说新语·贤媛》，用于称颂妇女娴雅飘逸的风采。

四十二

踏月夜归，秋芙方灯下呼卢[1]。座中有人一掷得六么[2]色，余戏为《卜算子》词云：“妆阁夜呼卢，钗影阑干背。六个骰儿六个窝，到底都成对。借问阿谁赢，莫是青溪妹？赚得回头一顾无，试报说金钗坠。”秋芙见面笑曰：“如此绮语，不虑方平[3]鞭背耶？”

---

① 呼卢，古时的一种赌博游戏。

② 么，骰子的点数，即“一”。

③ 方平，即王远，汉朝人，精通天文、河图、道谶学，后传在平都山得道成仙。

四十三

近作小词，有句云："不是绣衾孤，新来梦也无。"又《买陂塘》后半云："中门掩，更念荀郎忧困，玉瓯莲子亲进。无端别了秦楼去，食性何人猜准。闲抚鬓。看半载相思，又及三春尽。前期未稳。怕再到兰房，剪灯私语，做梦也无分。"时宾梅以纨扇属书，团戏录之。宾梅见而笑曰："做梦何以无分？"秋芙笑云："想'新来梦也无'耳。"相与绝倒。

四十四

甲辰秋，同人招游月湖。夜深，为风露所欺。明日复集吴山笙鹤楼，中酒禁寒。归而病热几殆，赖乩示方药，始获再生。越一年，为丙午岁，疽发背间，旋复病疟。方届秋试，扶病登车，未及试院，而魂三逝矣。仆从舁归，匝月始安。己酉之夏，复病疮痢，俯枕三月，痛甚剥肤。六年之间，三堕病劫，秋芙每侍余疾，衣不解带。柔脆之质，岂禁劳瘁，故余三病，而秋芙亦三病也。余生有懒疾，自己酉奉讳[①]以来，火死灰寒，无复出山之想。唯念亲亡未葬，弟长未婚，为生平未了事。然先人生圹久营，所需卜吉。增弟年二十矣，负郭数顷田，足可耕食。数年而后，当与秋芙结庐华坞河渚间，夕梵晨钟，忏除慧业。花开之日，当并见弥陀，听无生之法。即或再堕人天，亦

① 奉讳，居丧。

愿世世永为夫妇。明日为如来涅槃日，当持此誓，证明佛前。

◇书　后◇

◆◆◇ 余音不绝

琐忆新语

《秋灯琐忆》篇幅有限，一则则如浓醇香茗，经得起细品推敲。

由于作品本身的碎片化，其凝练的语言背后，又有诸多疑点与空白，故引起后世研究揣测。

1

悼亡之谜

多年来，关于《秋灯琐忆》是否为悼亡作品的争议颇多。原文中，只有对秋芙弥留之际的叙述，未见明确的凭吊之语。

起初，清代文人并没有质疑蒋坦此文的悼亡意义。徐世昌在《晚晴簃诗汇》中云：

后秋芙死，蔼卿为制《秋灯琐忆》，皆幽闺遗事。

陈继聪的《蒋文学坦传》中载：

未几，孺人病死，临去了了念六如偈，闻者叹为得力净修。君哀之甚，为制《秋灯琐忆》，皆幽闺遗事，文极隽雅，视冒辟疆《影梅庵忆语》更过之。

民国时期，学术圈犹如滚水，在各家沸议中，许多经典著作被颠覆性地剖解。《秋灯琐忆》的悼亡属性，原本是板上钉钉的公论，其时突遭质疑。

蒋坦之友魏伯滋在序中说，《秋灯琐忆》比“水绘影梅”诸作，情事殊料，似乎意指蒋坦并非悼亡，实为情事分合。

关锳所作《梦影楼词》中有自序，按年月记录，要比魏伯滋所作的序言晚两年，怎会有死而复生，为自己作序的诡异事？

复盘深究，《秋灯琐忆》的真相并不难解。陈继聪没必要扯谎，他与蒋坦有过切实的交集。《蒋文学坦传》中有述：

> 余与王广文最契。岁己未秋，广文应试省门，寓蒋君家。余访之，辄留饮，每以药羹饷我。时蒋君在座，广文誉我能古文，遂以关孺人传相属，而手持诗集、《秋灯琐忆》及孺人词稿相赠。

试想，如果当时秋芙未亡，蒋坦在嘱托陈继聪作传时，为何不加以说明呢？陈继聪又岂会拿别人的性命开玩笑，擅自写下“病死”之语？

另外，魏伯滋作序于咸丰二年（1852），而《秋灯琐忆》中有咸丰七年（1857）的内容。

一切指向都说明，魏伯滋与陈继聪看到的《秋灯琐忆》，不是同一个版本。

蒋坦笔下的零散片段，在时间描述上，常有“今年”“去年”等含糊之语。“固忆去年今夕”“去年燕来较迟”，甚至有“命笔重书，恍惚如梦”等补述，实在不似一气呵成之作。

刊于咸丰七年（1857）的《三十六芙蓉馆诗存》，让所有谜题尘埃落定。这部收有蒋坦夫妇诗作的合集，扉页上题道：

咸丰七年　太岁在丁巳秋八月钱塘蒋氏开雕

其中录入秋芙的《三十六芙蓉馆诗存》《梦影楼词》和蒋坦的《愁鸾集》《秋灯琐忆》四部作品。《愁鸾集》中收有《悼亡八十首》，蒋坦自序云“丁巳正月廿一日，亡妇关孺人殁于外家”。

“三十六芙蓉馆”是秋芙亲笔题写的，蒋坦旁注“今妇年适符其数，咸以为谶云”。因此，秋芙病故于虚岁三十六，也就是公元1857年，即咸丰七年。而今流传的《秋灯琐忆》，有部分内容，是蒋坦在秋芙离世后添加的。“乃知猝断之弦，其谶不远”，就是悼亡用意，初稿中应无此句。

最开始，《秋灯琐忆》是夫妇两人合著的纪念，“今去结缡又复十载”。此时，距秋芙去世有五年之远，蒋坦不可能自己预告不祥，因而，书中那些渗透着悲叹苦短的部分皆为后补。

所以，《秋灯琐忆》的最特别处在于，它实乃一本跨越生死的纪念，不是单纯的悼亡文章。生时死时、此时彼时、怀想怀念，交织在一起，形成了我们今天看到的全本。

2
浮生相映

同为忆语体，《秋灯琐忆》免不了被拿来与《浮生六记》《影梅庵忆语》相比较。

清末民初，有人将冒襄的《影梅庵忆语》、沈复的《浮生六记》、陈裴之的《香畹楼忆语》、蒋坦的《秋灯琐忆》，并称为“闲书四种”。

20 世纪 30 年代，林语堂先后将《秋灯琐忆》与《浮生六记》翻译成英文，朱剑芒主编《美化文学名著丛刊》时，也将此两部著作并列汇编。长期以来，沈复与蒋坦的文作，一直被后人并立媲美。

《浮生六记》记录了沈复一生坎坷的经历，从家庭纠葛到事业生计，从深闺情思到浪游感悟，人间万象，无所不包。尤其生活部分，将衣食住行的讲究与雅趣，描摹得细致生动。

《秋灯琐忆》则撷取赋诗联句、琴棋书画、寻禅问道等片段，一尘不染，超凡脱俗。

在蒋坦笔下，秋芙是“大女主”，是所有情节的核心，蒋坦是忠实的讲述者；在沈复文中，个人经历占了大半，夫妻主线外，穿插着寻花问柳的闲笔。

《秋灯琐忆》与《浮生六记》的相互捆绑，离不开林语堂的推波助澜，他曾在《两个中国女子》中专门评析陈芸与秋芙，赞赏她们是“中国古代最可爱的两个女性”。秋芙“泥他沽酒拔金钗”，陈芸“拔钗沽酒，不动声色”，并蒂芙蓉本自双，许多美好似是一脉相承。

当然，“女性”怎样才算“可爱”，本身就是一个社会学命题。林语堂的评语之所以有分量，是因为他呼吁男女平等，充分肯定女性在家庭中的地位。陈芸和秋芙都有超前于时代的主动性，有着追求理想生活的自由精神。同时，林语堂也有保守的地方，他认为，女性的身心结构决定了其应将爱情与婚姻作为情感的最终归宿、生活的牢靠依托，不应有独身主义思想。陈芸和秋芙，都是夫君的知己，她们皆尽职尽责，为各自的家庭甘心付出，直到咽下最后一口气，这也符合了林语堂先生的评判标准。

前文提到的《影梅庵忆语》中，冒襄之妾董小宛，虽说德才兼备，但自我牺牲得过了火，百依百顺，为奴为婢，非林语堂先生描述的理想火候。何况董小宛出身微贱，跟冒襄的结合不稳定，也不光明，二人的关系不符合新观念下的婚姻模式。

另外，陈芸与秋芙的可爱，来自于同夫君的投契合拍。大胆试想，如果两位佳人品性对调，两组夫妻关系定然不会和睦。说浅白点，是于天作之合中，实现了各自绽放。

一眼定终身，两小无猜的往事，是两部书中的美谈。

《浮生六记》中：

返，已漏三下。腹饥索饵，婢妪以枣脯进，余嫌其甜。芸暗牵余袖，随至其室，见藏有暖粥并小菜焉。余欣然举箸，忽闻芸堂兄玉衡呼曰：“淑妹速来！”芸急闭门曰：“已疲乏，将卧矣。”玉衡挤身而入，见余将吃粥，乃笑睨芸曰：“顷我索粥，汝曰‘尽矣’，乃藏此专待汝婿耶？”芸大窘避去，上下哗笑之。

《秋灯琐忆》中：

后数月，巢园鼠姑作花，大人招亲朋，置酒花下。秋芙随严君来。酒次，秋芙收筵上果脯，藏帊中。余夺之，秋芙曰："余将携归，不汝食也。"余戏解所系巾，曰："以此缚汝，看汝得归去否？"秋芙惊泣，乳妪携去始解。

两段描述氛围相仿，都是因为吃食闹了笑话。

陈芸见沈复饥饿，就偷偷拽他进屋喝粥；蒋坦见秋芙偷藏果脯，就抢夺恐吓，吓哭了人家。不同的是，陈芸是照顾者，如姐如母，这也是她在日后婚姻中的角色定位；秋芙是挨欺负的，悲喜表达都直来直去，哭就是哭，不藏着掖着，不窘迫逃避，这也是她解绑现实、追寻超脱的性格基础。

在情致契合层面，《秋灯琐忆》写诗词琴棋居多，毕竟秋芙本身就是位有造诣的文人。《浮生六记》也有作诗联句段落，可着墨较少，更大的篇幅聚焦在衣食住行、柴米油盐上。两个家庭的目标不一样，沈复落拓疏懒，既要活下去，还要玩得爽，在一桩桩琐事中，陈芸展现出了大智慧与妇德。林语堂说陈芸"只是在我们朋友家中有时遇见有风韵的丽人，因与其夫伉俪情笃，令人尽绝倾慕之念。我们只觉得有这样的一个女人是一件可喜的事，只愿认识她是朋友之妻，可以出入其家，可以不邀自来和她夫妇吃中饭，或者当她与丈夫促膝畅谈文学乳腐卤瓜之时，你打瞌睡，她可以来放一条毛毯把你的脚腿盖上。也许古今各代都有这种女人，不过在芸身上，我们似乎看见这样贤达的美德特别齐全，一生中不可多得”。

蒋坦的世界，是理想化的盛大幻觉，万物由心而生。在山洞里、暮云中，一次次真幻难辨，犹如庄周梦蝶，忘却了身在人间。秋芙翩然莞尔，抚琴吟诗，是蒋坦的梦中人，更是造梦人。“空到色香何有相，若离文字岂能禅”，秋芙的觉悟，实非寻常段位，说她像仙子转世，当真不为过。

蒋坦与秋芙相伴了近十五个春秋，沈复、陈芸共度二十三载。在各自的夫妻生活记叙里，选材取舍大为不同。

蒋坦将生活烟火滤去，最多写些雨淹家宅成泽国的趣事，偶有提及家庭成员，对同人挚友的着墨更多。有后人根据其遗作研究得出蒋坦似乎与岳家并不亲近的结论，但书中未见只字片语。

《浮生六记》中，对家庭关系的刻画直白彻骨。公公婆婆对儿媳的误解、上下里外对陈芸的嘲讽、不肖弟的惹祸作妖，乃至自己断绝家庭关系的狼狈无奈，都呈现纸上。

沈复夫妇的生活要领是“布衣饭菜可乐终身”，始终在现实中扑腾挣扎；而蒋坦夫妇的信仰誓愿是“花开之日，并见弥陀”。前者泥足人间，后者仰望天界。

纵然有种种区别，但对“爱”的表达，在将死之时却是相近的。陈芸去世前，同沈复有一段闻者断肠的经典对话。

> 余欲延医诊治，芸阻曰：“妾病始因弟亡母丧，悲痛过甚；继为情感，后由愤激。而平素又多过虑，满望努力做一好媳妇而不能得，以至头眩怔忡诸症毕备，所谓病入膏肓，良医束手，请勿为无益之费。忆妾唱随二十三年，蒙君错爱，百凡体恤，不以顽劣见弃。知己如君，得婿如此，妾已此生无憾！若布衣暖，菜饭饱，一室雍雍，优游泉石，如沧浪亭、萧爽楼之处境，真成烟火神仙矣。神仙几世才能修到，我辈何人，敢望神仙耶？强而求之，致干造物之忌，即有情魔之扰。总因君太多情，妾生薄命耳！”因又呜咽而言曰：“人生百年，终归一死。今中道相离，忽焉长别，不能终奉箕帚，

目睹逢森娶妇，此心实觉耿耿。”言已，泪落如豆。余勉强慰之曰：“卿病八年，恹恹欲绝者屡矣，今何忽作断肠语耶？”芸曰：“连日梦我父母放舟来接，闭目即飘然上下，如行云雾中，殆魂离而躯壳存乎？”余曰：“此神不收舍，服以补剂，静心调养，自能安痊。”芸又唏嘘曰：“妾若稍有生机一线，断不敢惊君听闻。今冥路已近，苟再不言，言无日矣。君之不得亲心，流离颠沛，皆由妾故。妾死则亲心自可挽回，君亦可免牵挂。堂上春秋高矣，妾死，君宜早归。如无力携妾骸骨归，不妨暂厝于此，待君将来可耳。愿君另续德容兼备者，以奉双亲，抚我遗子，妾亦瞑目矣。”言至此，痛肠欲裂，不觉惨然大恸。余曰：“卿果中道相舍，断无再续之理，况‘曾经沧海难为水，除却巫山不是云’耳。”芸乃执余手而更欲有言，仅断续叠言“来世”二字。忽发喘口噤，两目瞪视，千呼万唤已不能言。痛泪两行，涔涔流溢。既而喘渐微，泪渐干，一灵缥缈，竟尔长逝！

“神仙几世才能修到”，终有“情魔之扰”，这也是蒋坦和秋芙的纠结。

秋芙生负情癖，病中尤为缠缚。余归，必趣人召余，比至，仍无一语。侣琼问之，秋芙曰：“余命如悬丝，自分难续，仓猝恐无以与诀，彼来，余可撒手行耳。”余闻是言，始觉腹痛，继思秋芙念佛二十年，誓赴金台之迎，观此一念，恐异日轮堕人天，秋芙犹未能免。手中梧桐花，放下正自不易耳。

秋芙无语凝噎，静默注视，无声胜有声。本想出离八苦，怎奈薄命又多情，无法清清净净地绝尘而去。

今生不得，那就期以来世。

如若这辈子孑然自处、投石无波，那么，一天一时都漫长，去了也罢。

因为有过琴瑟和鸣，朝夕相伴，才欲断难断，恨彩云易散。

生死，命运，信念，情爱……人世的难题，也是文学永恒的主题，于此基础上，花开万朵，美不胜收。

悼亡忆语的文学体系里，《影梅庵忆语》的传奇之美，《浮生六记》的生活之美，《秋灯琐忆》的朝圣之美，各自卓然，相映成辉。

◆◆◇ 半生一世

蒋坦小传

1
史料纪闻

关于蒋坦的生平记述，可供参考的史料甚少。最为翔实的，便是陈继聪先生在《忠义纪闻录》第二十六卷中写下的《蒋文学坦传》。

蒋君坦，字平伯，钱塘人。世业盐策，父某，挥霍爱宾客，置园亭台榭，蓄女伶歌儿，以豪侠称于时。君生禀异质，读书数行俱下，弱冠，善文章、工书法。父命从海盐黄韵珊大令游，学益进，才名藉藉。然自为诸生，不利场屋，遂厌弃举子业，益肆力诗古文辞。妻关孺人，名秋芙，同县名族女娴，倚声解弹琴，而性好佛。自归君，尝劝纳妾，因筑别室，供礼金仙，每五更起，跪诵梵咒，声绝哀。询其故，答曰："尘世最苦，况女人身，愿借慈悲，早离孽海。"由是君亦喜内典。夫妇偕隐家园，绝无簪绂之念。时父已卒，遗产尚饶，而君倜傥有先人风，文坛吟社，高朋满座，春秋佳日，辄画舫樽榼，玩游孤山间，夏则避暑西溪别墅。关孺人亦侠甚，每遇宴客，从锦屏后窥之，或即席斗诗。有佳句，命侍儿取观之，评以甲乙。饮久瓶罄，则手脱金钏，付君为沽酒赀，以故西泠才人无不知有秋芙女士。未几，孺人病死。临去了了，念《六如偈》，闻者叹为得力净修。君哀之甚，为制《秋灯琐忆》，皆幽闺遗事，文极隽雅，视冒辟疆《影梅庵忆语》更过之。君自后更落拓无聊，多混迹歌场。久之，遗产斥卖一空，萧然四壁，偕一子一妾栖园中，每饔飧不给，然尚口事吟哦，索句于荒畦老树边。会伊少沂、朱述之两明府夙爱其才，遇有所作，委之捉刀，得稍借买文钱以度日。无何，金陵贼间道犯杭州，君在围城中，刁斗烽火，梦寐惊心。俄而省垣陷，贼挨户搜牢，君眷属幸脱锋刃，得不死。寇退，家山残破，势不能居。乃挈子妾及姻戚数人走慈溪，依其友王广文景曾。王广文者，字佯石，家慈之王山，先世甚富，亦以高才能诗，豪宕自喜，落其产者。然其人故义士，见君携眷至，让宅以居，日用供给，绝无吝色。时四明亦多风鹤警，两人饮酒辄悲，自念身既潦倒，又遭百六厄运，不知下场作何收束；扰扰人世，真是无边苦海。追忆秋芙孺人，撒手先去，不罹兵劫，何异登仙证佛，为之相对呜咽。既而抚军王壮愍公莅任，整顿戎备，招集流亡，会城颇有起色。君因思故乡风景，大有归志，广文坚留之，不从。而赀斧无所措，广文拮据，谋之得数百金，乃赆以行。迨返杭州，而寇又至，西子湖头，尽泊炮船，罗网遍地，无由避逃。君匿身败巷，出门所见，皆恻恻无人色。久且厨绝炊烟，全家骨肉相继僵毙。及是冬城再破，而君亦以冻饿死矣，年约四十。君博览群籍，才最敏，为骈体文，顷刻可就。貌颇寝陋，而关孺人姿致妍淑，闺中互相敬爱。君著有《三十六芙蓉馆诗集》，孺人亦有词稿，已付剞劂，今皆毁于兵燹。君束发结友，声气甚广，临难，周之者王广文一人，然终无裨于其死。广文自君回杭，未数月，大醉得疾，竟不起，盖先君而殁，犹幸不见贼之蹂躏明州也。(《退安居士笔记》)

论曰：余与王广文最契，岁己未秋，广文应试省门，寓蒋君家，余访之，辄留饮，每以莼羹饷我。时蒋君在座，广文誉我能古文，遂以《关孺人传》相属，而手持诗集、《秋灯琐忆》及孺人词稿相赠。既而余报罢，意绪甚恶，竟不果为孺人作文也。迨寇难起，两君相继猝逝。思其平生欢好之谊，为之黯然。而蒋君死围城尤惨，因为之传，并以孺人及广文牵连书之云。

基于上文，再经由后世的补充、考证，蒋坦的一生脉络，才完整地拼贴出来。

2

颖悟天然

蒋坦家族，祖上牒谱已经失传。在杭州西湖区的北蒋村祠堂里，供奉的七世瑞公，为蒋家始祖。蒋坦的祖父生于清乾隆年间，父亲蒋焜，字书奴，生性豪爽慷慨，挥金如土，修筑亭台，常年歌舞升平。

蒋坦的生母汪玉仙，是父亲的侧室。在蒋坦出生之前，蒋焜便梦到庭院里落栖白凤数十只，冲入怀中而惊醒。汪玉仙的仙师解释道："梦兆必得佳儿。"

清道光三年（1823）初秋，蒋坦出生，在兄弟中排行老三。

《浮生六记》中的沈复，感叹自己生于太平盛世，得天之厚。到了蒋坦这一辈，清王朝日渐衰微，饥民泛滥，鸦片流毒。然江浙钱塘一带，自古相对清平，何况蒋家属名门望族、书香世家，日子过得自然富贵无忧，也算是得天之厚。

烟柳繁华地，富贵温柔乡，蒋坦自幼丰衣足食。他名为坦，字平伯，或寄寓了生父蒋焜与生母汪氏的厚望，平顺坦荡，高枕无虞。

道光七年（1827），蒋坦五岁，师从海宁的俞霞轩。此时的蒋坦已显露卓越天资，读书识文，竟能连篇熟诵，可谓“生秉异质”。也就是在这一年，蒋坦与姑舅表亲关家秋芙在巢园嬉闹，还吓哭了人家。大人们因此为俩娃娃定下了婚约，也开启了《秋灯琐忆》的前奏。

蒋坦七岁时，开始学习诗词韵语，十岁到杭州问学。学馆的尊师，就是晚清著名文人黄燮清。黄燮清是蒋焜旧交，才高八斗，诗、词、曲皆擅长，曾与女曲家吴藻研订词学。可惜他科考仕途不顺，离开杭州后，曾去江西、安徽一带为幕。

蒋坦受黄燮清影响颇深，诗才造诣离不开他的悉心教授。另一位老师洪庶农，对蒋坦颇为赏识。洪先生曾授其《天崇百篇》，皆是当朝名作。蒋坦不但能得其神韵，还能出新出奇，自成一派。

洪先生去世后，蒋坦作《哭洪庶农夫子》悼之：

西风昨夜冷荒丘，野草山花满地愁。
十载笙歌开绛帐，五传衣钵到黄州。
月明沧海鲛人泪，日落丰城剑气秋。
欲向先生谈近事，九重泉路隔松楸。

嵩云秦树两蒙眬，云会风期梦想中。
北海樽空春剩绿，南丰香冷瓣留红。
遗书有分传王粲，通德吴门哭郑公。
莫问门墙旧桃李，夜台何处不秋风。

资质卓然，恩师靠谱，蒋坦如若生在唐宋，也许能成就另一番气象。毕竟在清朝中晚期，阶级日益固化，文人失意，中举难如登天，是士子们的普遍焦虑。

蒋坦这枚优等生，也许一度希望能凭着才思妙笔杀出重围。何况岳丈家是名门，对文才又极为看重。蒋坦十一岁那年，岳丈曾召集同人会文设宴，意在考查蒋坦的文化功底，激励鞭策他更上一层楼。第二年，蒋坦又跟从舅父鲍为霖学习八股制艺，踏踏实实地准备应试。蒋坦曾为舅父写下“门墙虽峻能容我，衣钵能传尚望公”之句。

道光二十二年（1842），二十岁的蒋坦考取秀才，亲族相庆。可惜，蒋坦是个终身秀才，此后科举路不遂人愿，整整十年屡试不第。

汝归我落第，相去时日强。
落第亦偶然，目眚遂为殃。
垂帘譬云翳，入市如瞽盲。
洗面有热泪，兀坐愁空房。

每当熟睡醒，仿佛汝在旁。
百呼不一应，卷帐唯灯光。
闻汝亦示疾，医药两不良。
此时伏枕席，应念我不遑。
汝家在城西，近隔琐院墙。
榜出过汝门，传闻汝必详。
月落夜将半，不见泥金将。
晓阅题名录，中有倪与章。
倪章我故交，云泥难颉颃。
我生良不辰，弃置何足伤。
所念牛衣中，负自汝三年。
汝体素羸弱，岂禁忧击肠。
往昔汝我病，相倚如狈狼。
我羹汝手调，汝药我口尝。
一朝路途隔，不啻参与商。
路途未数里，恨无羽翼翔。
感激书此词，眼黑灯茫茫。

从这首《壬子落第寄妇二首》（其一）中可以感受到蒋坦的无助、负疚，各种复杂的情绪涌于笔端。壬子年科考，老朋友都中第上榜，自己更是颜面无存。只恨天命不顺，眼疾误人，有愧于秋芙跟岳家的厚望。

蒋坦的理想，面临着内外交困。

鸦片战争爆发不久，第一个丧权辱国的不平等条约签订，历史的书页掀开近代篇章。清王朝深陷泥淖，积弊重重，政治走向腐败，主权逐渐丧失，内忧外患不断。在溃烂的时局下，在颓败的大环境里，在一次次的消磨中，蒋坦对中榜入仕不抱希望，也不再热望了。

满腹诗书、颖悟不凡，让这位终身秀才以一篇篇文作名垂青史。早在与秋芙完婚时，蒋坦就初版了《花天月地吟》诗集八卷。

在四十年的人生中，蒋坦著有诗文集多部，囊括了咏怀诗、咏物诗、田园诗、题画诗、记游诗、悼亡诗等多种类型，并著有散文游记、风光杂记等，成就斐然。他留下的文字，远比生平故事更为丰富。

3

世外巢园

婚后，蒋坦与秋芙寄情山水，移居西湖巢园。

巢园，始建于嘉庆二十四年（1819），原是东城以西的废址，被蒋焜买了去，建成别业。蒋焜见园内林木丛生，千回百转，似禽鸟之巢，故取名为“巢园”。

巢园虽然占地面积不大，跟冒襄的“水绘园”不可同日而语，但建筑颇多，设有枕湖吟馆、夕阳红半楼和佛堂斋室。丁丙的《蒋文学传·附记》中有载：

> 蔼卿所居，在城东仓巷，别筑枕湖吟馆于水磨头，中有夕阳红半楼，湘莲棐几，掩映垂杨，赌酒联吟，招邀胜侣，《西湖杂诗》殆征典于斯。

其中的“夕阳红半楼”，也被蒋坦用作名号。

在《红心草》卷四中有一篇《巢园记》，对巢园格局位置作了细致描述，大意是：槐眉山庄里，树木丛生，山石掩映，置身其中，辨不清身在城中还是山林。凿池引水，凭栏俯瞰，芙蓉锦鲤搅动云霞倒影，美不胜收。池北有几栋房屋，被竹树围绕；池南有花台，还放置了可琴可棋的几案；再往北，见乔木纠盘如巢，便是巢园了。

古人对“巢”有情结。夏代没有宫室瓦舍，便用柴薪架成窝状，称为橧巢；尧民之病水者，上而为巢；宋代陆游聚书以居，曰书巢；《影梅庵忆语》的作者冒辟疆，又有“朴巢”“巢民”之号。“巢”，自有一种返璞归真、闲居无争的避世气息。

关于巢园景致的诗文，另有蒋坦的《迎晓楼联》：

> 夜雨芭蕉，晚风梧叶；
> 春愁杨柳，秋梦蘅芜。

仅十六字，夜雨晚风，春愁秋梦，情景交融。

“芭蕉”是《秋灯琐忆》中最知名的植物，蒋坦和秋芙在芭蕉叶上题诗，成了千古佳话。

> 秋芙所种芭蕉，已叶大成阴，荫蔽帘幕。秋来雨风滴沥，枕上闻之，心与俱碎。一日，余戏题断句叶上云：“是谁多事种芭蕉？早也潇潇，晚也潇潇。”明日见叶上续书数行云：“是君心绪太无聊。种了芭蕉，又怨芭蕉。”字画柔媚，此秋芙戏笔也，然余于此，悟入正复不浅。

蘅芜，本意为仙草；加之“秋梦”二字，似乎与关锳早逝的命运暗暗相合。

再说“春愁杨柳”，曾在巢园欢谈畅饮的友人，也似飞絮飘零，他乡无信。

在志同道合的朋友中，蒋坦与伊少沂的诗词交往颇为频繁。道光二十七年（1847），伊少沂为蒋坦的《红心草》作序：

> 从来因缘香火，文字最灵。夙夕风雨，怀抱恒托，是以丰山之钟发响，人知姑洗之铜；议郎之桐奏清，跃及蕤宾之铁，其因应之无弗及，其感通之有由来也。予前阅蒋君蔼卿《花天月地吟》，觉红昙艳眸，黄鞠馥齿。赋题《鹦鹉》，疑祢生已是老成；问对杨梅，讵杨修居然年少。韦弦作赞，喜投纻之有阶；金玉尔音，直买丝而欲绣。惠而好我，交到忘年，是兰臭之气同，非桑宿之缘定乎？

用词赤诚，由此可见，两人情谊匪浅。

蒋坦曾作《喜伊少沂明府（念曾）见过赋诗奉》，中有“蕉叶秋窗酣绿梦，梅花春酒问红罗”之句，赞叹伊少沂的才华。

后来，伊少沂调任北方，蒋坦设宴巢园，为其饯行。

风清月朗之夜，蒋坦召集好友云集于巢园。本打算彻夜痛饮，呼唤上酒，却半天不见动静，急切询问才知，家里只剩下空的瓶瓶罐罐，秋芙只能拿首饰换酒，谁知酒家不识真赝，便转而拿去当铺，因为路程太远，跑腿的家奴还没回来。这一天，蒋坦集得诗篇数十首，畅享文酒之乐。

酒后，蒋坦写下赠别诗送给伊少沂。原诗道：

江南雨雪促征鞭，茶苦饴甘世味全。
才大未闻疏百里，政成何待及三年。
向平老去偏多累，刘宠官清未有钱。
明日红螺山下路，西风杨柳易成绵。
曾从木末采芙蓉，举世无依叹转蓬。
乞血未能医病鹤，不材何敢薄雕虫。
众中青眼轻垂我，海内苍生久望公。
开过梅花人日近，题诗怀寄浣花翁。

巢园，就像是一个人生舞台。主角是蒋、关夫妇，他们的同社亲朋，接连登场，也一一挥别天涯。

除了蒋坦的挚友李山樵、吴康甫、杨渚白、钱文涛等，云集巢园的来客还有秋芙的姐妹们。江南文人有结社立派之风，“女子天团”也定期举办活动，聚众联吟，互相题赠。

“结庐在人境，而无车马喧。”巢园的神仙日子，品读想象，令人嫉羡。事实上，蒋、关夫妇这十年并不好过，许多消极伤怀之语，不只出于文人多愁，也是受迫于现实的无奈。

成婚不久，蒋坦就从大家族中彻底分出，每月的生活费，仅仅是从父亲那儿领取的十两银子。而蒋坦自幼生活优渥，挥霍习气一朝难改，常左支右绌，囊袋空空。无奈之下，蒋坦只得著书卖文、典当衣物，维持家用。如此清贫拮据，让人不禁想到冒襄晚年的“蝇头小楷”和沈复借钱讨债、四处打工的狼狈。而后，蒋坦与秋芙相继抱病，轮着卧床，守着药炉度日，不禁自伤“蒲柳之质”。

桃花为风雨所摧，秋芙见满地残瓣，心生哀怜。她将花瓣拼字成词，云：

春过半，花命也如春短。

这句，与巢园内的夕阳红半楼一般，隐隐透露着命数短促的不祥之兆。

回望大观园的兴衰荣枯，细思董小宛的影梅庵，一方天地，都跟主人公的心境与命数有着某种微妙的联系。

巢园似乎也并非上天庇佑的风水宝地。废墟中矗立，有草木掩映，暂得繁盛气象，终归也只是障眼浮云。道光二十九年（1849），一场大雨淹没了巢园，亭台曲廊沦为泽国。几年后，秋芙仙逝，蒋坦陷入消沉，生活更加落魄，巢园一片死气。

咸丰八年（1858），蒋坦“困顿之色溢于眉睫，整日以阿芙蓉自娱，一灯之下，诗稿满焉，不事修饰”。据说，当时友人所见的蒋坦，胡须上沾了唾沫跟虱子，邋遢不羁，不复当年俊逸。

第二年秋天，巢园里的蒋坦“墙垣四圮，破屋两椽，饭无厨灶，埋锅而饮，寝无帷床，支板而息”。侍奉他的，是个赤脚年迈的丑婆婆，也是面无人色。

蒋坦死后，巢园易主，再无故事。

清代文人、蒋坦旧交朱孝起，来到夕阳红半楼遗址，萧索凄迷中，曾经音容已恍若隔世，他不禁感慨万千，挥笔写下一首追念蒋坦的长诗：

钱塘门外春波绿，修岸逶迤绕清澳。
上有夕阳红半楼，楼头不记何年宿。
主人蒋诩达者流，别开三径延羊求。
诗坛酒社无虚日，弹棋蹴鞠非凡俦。

层甍高矗浮云上，碧树丹题交俯仰。
种竹斜分地半弓，近城不染尘千丈。
斜照接云弄金碧，湖波倒映湘帘隙。
招揖山光入酒樽，踏碎矾苔点游屐。
牙签锦轴富收藏，清暇搜寻发古香。
倪迂画本钟王贴，不辞油具污匡床。
我来倾意无寒暖，楼下游船楼上馆。
水槛亲看上冢回，吟笺互促张灯展。
秋宵梦觉天微霜，半轮月堕山眉黄。
横空哀雁夜刷翅，渔灯半灭芦中光。
起来呼酒惊僮仆，旋拂朱弦请调曲。
别鹄离鸾指上音，然脂杀粉闺中录。
自谓豪华气薄云，那知聚散风吹烛。
江干消息动黄巾，洛下尊罍散金谷。
乞墅名空谢傅留，作金术岂王阳续。
沟水东西别路穷，干戈阻绝无家哭。
我向梁园望白云，君经浙水寻黄独。
同是仳离道路人，归来我胜辽东鹤。
一恸沧桑万事非，空山雨雪洒麻衣。
望门投止嗟何及，垂老亲朋日渐稀。
当时立处今高阜，易主亭台亦何有。
断甓零砖望欲迷，残笺剩墨教谁守。

君诗已付万人钞，身后虚名酒一瓢。

马策捶门从此去，江湖何处偶渔樵。

巢园的佳人美景，不过是黄粱一梦。

斗转星移，物非人非。而今，在杭州市青少年活动中心附近，已难想象曾经牡丹盛开、佳人为伴、骚客往来的盛况。唯有遗存的笔墨，能叩响时空的大门，一瞥百年前的佳偶传奇。

4
仙风清骨

《秋灯琐忆》中写道：

唯念亲亡未葬，弟长未婚，为生平未了事。

蒋坦对于血缘亲情，是极其看重的。

蒋坦曾经有三个弟弟——蒋堉、蒋堂、蒋基，皆在出生几年后夭折。每死一弟，蒋坦的枕上便数年浸泪不见干。

蒋坦刚满弱冠，生母汪氏也与世长辞；六年后，父亲蒋焜也走了。接踵而来的死别，对蒋坦的打击可想而知。他本就才智超然、心思敏锐，这些经历，都催促他参悟无常之真谛，生发修行之虔心。

何况，国运缥缈，世风日下，他的余生主题只能是"出离"。

当一个文人几近疯狂地接近美好、洞悉自然、描画圣境，其根由大约都因对人世的绝望——大悲者，才见至美。如沈从文，如蒋平伯，都是这样。

读忆语体佳作《影梅庵忆语》与《浮生六记》，能从冒襄、沈复身上窥见明、清两代士子具有鲜明时代特征的行为作风与思想观念；而在蒋坦身上，难得显现出了真正"天人合一"的不俗境界。虽然他生活在封建时代，但他本性天然，没有受到陈腐思想跟条条框框的制约。《秋灯琐忆》中有不少闲笔表明家仆不太中用，而蒋坦都是一笑置之，不忍扰他们清梦，亲自下床干活，可见其为人不拘规矩。

蒋坦以文会友，毫不避讳男女之别。他曾赠诗给女诗人沈湘佩，不吝赞赏之词，文风光明磊落。诗云：

头白衰年感漂泊，怜才幸有金闺托。

他也曾赋诗给李莲因：

此去江南鸿雁早，相逢海上鲤鱼愁。
明年草长西泠道，应向春风感旧游。

蒋坦不困于礼教，同时也敢于揭露社会的弊端。《息影庵初存诗》中有一篇《催租吏》，面对苛捐杂税，蒋坦义愤填膺：

催租吏，夜捉人，手持官票怒目瞋。
今年不用折钱例，县官要纳投封银。
堂下咚咚敲衙鼓，堂上铮铮拖铁锁。
暖阁雷声八面威，怒掷红签疾如火。
前差去，后差来，旧粮清，新粮催。
乡丝未熟布衫破，质库掷出啼声哀。
老翁不归老妇畏，数钱先纳肩舆费。
幕府新增薪水资，郎君苦厌高粱味。
官票曾无三日迟，柴门敲折寒风吹。
里胥好言劝煮饭，荒厨有火难为炊。
邻家借米米色糙，小儿怕看红缨帽。
明朝计费无一钱，过卯任捉老翁到。

如若仅读《秋灯琐忆》，难免会误以为蒋坦对现实缺乏观照，实则其满腔正义，有万般无奈。

成婚后不久，蒋坦结交僧侣，读经修佛，携妻四处游访庙宇庵堂，开启了求禅问道之旅。对他而言，这是最好的出路。

净土，为清初以来佛教各宗的共同信仰，也是蒋坦夫妇的向往。曹公的《红楼梦》中，癞头和尚、跛脚道人贯彻始终，提及的寺院、道观不胜枚举；而蒋坦所著的《秋灯琐忆》里，也有僧人、道人托梦蒋宾梅的段落，文中也遍布道教礼仪与佛学术语。

道光以后，清朝国势衰落，佛教也气象颓败。但杭州的宗教活动依然兴盛，自晋代始，在这方宝地上就建起了许多庙宇，千百年香火不断，梵音不绝。

道光二十五年（1845）秋，蒋坦、秋芙来到了华坞。传说千年之前，有位高僧曾隐居于此，日课《法华经》；逝世后，其肉身深匿于深山，周围十八里开满莲花，三日后纷纷枯萎，唯有一枝盛放七日，其根在僧舌之上。本地人见此奇象，以法华祖师名其山。华坞，便位于法华山麓，不仅有信徒在此隐修，也惹来迁客骚人探访栖留。

此行，触发了蒋、关夫妇的文思，留下了多篇诗文。

小两洗峰翠，一峰境一变。前行未里许，禅灯霭中见。

寒气忽吹堕，暝色合苍茜。叶碎上屐响，云湿过衣溅。

怪石作人立，须发尽成靛。奇胜惜日暮，青山倘余恋。

——关锳《晚至梅溪庵境益幽折惜暮色已深未尽其胜》

老屋架乔木，上有闲云眠。
松杉转危径，斜日生凉烟。
山农岁种竹，乱绿耕为田。
茅庵歇幽梦，玉佩声铿然。
微云划空景，滴溜鸣湘弦。
林壑始入胜，热恼已足捐。
自兹入山去，尽在青蓝天。

——蒋坦《由休庵至眠云室品蓑衣泉》

位于西溪蒹葭深处的秋雪庵，始建于南宋时期；元朝过后，庵寺荒废；万历年间重建僧园。明朝文人陈继儒取

“秋雪蒙钓船”之句，将其命名为秋雪庵。蒋坦与关锳各自赋诗，一个叹来时太晚，一个想在此度过残生。

修行隐孤寺，微闻钟磬音。
西风动树林，斜日转峰阴。
相对渐忘我，此时无住心。
隔溪听人语，流水一何深。
芦花四五里，吹雪满前汀。
野鸟不相识，渔歌随意听。
脸波秋水绿，眉黛远峰青。
记得杨帆处，村前一草亭。

——蒋坦《秋日偕妇游秋雪庵泊舟芦苇深处》

枫叶斜阳寺，芦花秋水程。萧萧响不定，是雨是风声。

老树自高下，野鸥相送迎。何年来卜宅，于此老余生。

——关锳《秋雪庵》

茂林修竹间，蒋、关找到了避世的精神依托。

《秋灯琐忆》又记道：

秋芙约为永兴寺游，遂与登二雪堂，观汪夫人方佩书刻。还坐溪上，寻炙背鱼、翦尾螺，皆颠师胜迹。明日更游交芦、秋雪诸刹，寺僧以松萝茶进，并索题《交芦雅集图卷》。

永兴寺，是杭州历史最古老的名刹之一，始建于唐贞观年间，由高僧悟明尊者开山始建，宋代铁牛禅师重修。后晋大章法师曾在此诠译《法华经》，弘扬佛法，此后僧俗往来不绝，世人皆知其佛缘锦绣。明朝万历年间的诗人，也是著名的佛教居士冯梦祯，曾手植绿萼梅树于此。冯梦祯去世后，两株绿萼梅成了人们追忆他的凭借。蒋坦与秋芙瞻仰梅树，有感于冯梦祯的风骨，提笔咏悼。

开门先鸟起，满屋生白云。
自来梅树下，与花相逡巡。
月堕烟在水，片片青绡纹。
庵僧煮茗出，脱略忘主宾。
颇有橡栗供，绝胜礼法人。
自言三十年，来作梅花邻。
山居忘其岁，花发知为春。
今年梅花开，颇觉鬓有银。

因叹埃壒间，以材戕其身。
不若偃蹇姿，或免樵斧斤。
有冠挂当早，何必定隐沦。
不见冯祭酒，今世无其伦。
——蒋坦《晓过永兴寺寻冯具区先生所种二梅》

冯梦祯因得罪宰相张居正，丢了编修之职，被外谪广德州判，复又累迁南国子监祭酒，三年后被劾罢官，遂不复出。他移家杭州，从事习佛、宣佛、助佛等活动，并联络了一大批僧侣居士，对当时东南一带佛教的中兴，起到了至关重要的推动作用。冯梦祯的命运与选择，令蒋坦产生共鸣，因而写下“不见冯祭酒，今世无其伦”之句。

《秋灯琐忆》中另记：

夏夜苦热，秋芙约游理安。甫出门，雷声殷殷，狂飙疾作。仆夫请回车，余以游兴方炽，强趣之行。

这非去不可的理安寺，又名涌泉禅院，别称“法雨寺”，因有山泉法雨泉得名。

相传五代时期，高僧伏虎志逢禅师曾栖居于此，吴越王为之建寺；南宋时期，宋理宗赵昀曾来寺中进香，以“理安”之名，祝祷国泰民安；明弘治四年（1491），山洪暴发，寺庙倾毁；康熙年间，还是皇四子的胤禛下令重建寺庙；乾隆帝更是多次到此游历，题字留诗。

理安寺规模宏大、装饰华丽，有山门、御碑亭、弥勒殿、大雄宝殿、禅堂、法堂、藏经楼、方丈、且住庵、松巅阁等建筑，颇有世外深山藏佛刹的幽僻意境。因此，蒋坦、秋芙不顾狂风夜雨，也要去走走，确实值得。

复由杨梅坞至石屋洞。洞中乱石排拱，几案俨然。秋芙安琴磐磴，鼓《平沙落雁》之操。归云滃然，涧水互答，此时相对，几忘我两人犹生尘世间也。

这段记述，也可对照着蒋坦的《石屋洞》一诗来看：

昔观四明洞，空灵具丘壑。
颇疑六丁手，以何斧斤削。
石锋倒悬挂，俨如井莲萼。
讵知此洞辟，结构愈奇愕。
一窦螺尾锐，四柱鳌背阁。

林木荫蒙茸，萝薜翠参错。
初日照潭水，石气出旁薄。
始叹造化奇，毋乃事穿凿。
会当此栖息，潜形寄幽窦。

之所以将这洞写入散文，并单独成诗，是因为此石屋洞来头不小。据说，南宋开国皇帝赵构在受金兵围追堵截时，曾在此躲过一劫。建都杭州后，赵构封此洞为“南山第一洞天”。在《秋灯琐忆》中，以巢园和石屋洞的描述最为唯美，一度有“相对忘言”、不知身在人间的描述。

现代人常说，看一对情侣是否合拍，长途旅行是最好的试金石。蒋坦、秋芙这对仙侣的足迹几乎遍布西湖、西溪的古刹，他们在时间、空间与精神上，都是最默契的旅伴。

咸丰五年（1855）八月十八日，蒋坦同恩师黄燮清及好友数人，相伴去了净慈寺、烟霞寺。

蒋坦也是想借此次旅行静静心。当时秋芙病体难愈，反复无常，情况不乐观，蒋坦嘴上也许不说，但内心肯定惶惶不安——他需要自我疗愈。

净慈寺，五代时期为永明禅师而建，原名永明禅寺，南宋时改称净慈寺。“西湖十景”中的“南屏晚钟”，其钟声就来自于此。蒋坦在《溪山游识》中有记道：

> 乃入净慈寺，登藏经阁，寻济公运木井，去井数十步，有雁堂三楹，莳花如粟，今住持补峰丈室也。室外凿小池，幽篁拂人，碧净如洗，明月一来，疑堕寒雪。青雨主讲席时，我常与谈诗池上。池旧畜雌雄二素禽，自青雨怛化，鹤亦飞去。余与此君尚颓然无恙，不知他日重来，谁与我同着此屐耳。

没有秋芙同行，蒋坦对“无常”的伤怀更为激烈。

秋芙离世后，杭州城遭难，蒋坦避乱黄山。佳人已不在侧，故里一片血海，身处异乡的蒋坦不胜孤独，他撰写《黄山小志》，记录黄山的风景名胜、民间传说，虽也有对“黄山庙”等神仙宗祠的记录，但笔法简明克制，再难现昔日翩然俊逸、陶然忘忧的文风。

5
琴瑟和鸣

蒋坦是个好丈夫吗?

从《秋灯琐忆》的记述来看，应该是的，再跟《影梅庵忆语》《浮生六记》相比，更是。

董小宛二十七岁病卒，陈芸四十一岁病卒，关锁虚岁三十六岁病卒，皆短命。董小宛有肺病，陈芸是血疾忧思所致，关锁先天体弱，据分析，肝疾、肺病皆有。三位的共通处，就是一个字——累。

《影梅庵忆语》中，董小宛在冒家吃苦耐劳，国难当头，又被冒襄弃之不顾。冒襄五年病了三次，董小宛日夜操劳陪护，终于把身子拖垮了。

> 姬当大火铄金时，不挥汗，不驱蚊，昼夜坐药炉傍，密伺余于枕边足畔六十昼夜，凡我意之所及与意之所未及，咸先后之。己丑秋，疽发于背，复如是百日。余五年危疾者三，而所逢者皆死疾，唯余以不死待之，微姬力，恐未必能坚以不死也。

董小宛夜里不敢睡觉，白天也一直跪着，还观嗅丈夫的粪便，抚慰丈夫的心灵，直到他走出鬼门关。这种感天动地的单向输出，在冒襄眼里是妾室应尽的本分。

《浮生六记》中沈复与芸娘的夫妻关系相对平等，怎奈沈复窝囊，没有养家和自理的能力，吃穿用度都要陈芸来操心。为了贴补家用，陈芸殚精竭虑，甚至还拖着病体昼夜刺绣经文。

> 因是芸誓不医药。偶能起床，适余有友人周春煦自福郡王幕中归，倩人绣《心经》一部。芸念绣经可以消灾降福，且利其绣价之丰，竟绣焉。而春煦行色匆匆，不能久待，十日告成。弱者骤劳，致增腰酸头晕之疾。岂知命薄者，佛亦不能发慈悲也！绣经之后，芸病转增，唤水索汤，上下厌之。

在蒋坦这里，我们终于看到了无限趋近于现代观念的爱情，互相尊重，彼此信赖，更似挚友，不分尊卑。《秋灯琐忆》之所以没有前两者的痛悔之思，是因为在亡妻尚在人世时，身为丈夫的蒋坦已足够珍惜每个朝暮。

游玩归来，秋芙穿得少，冻得瑟缩，蒋坦便脱下自己的衣服，搭在秋芙身上，搂着她。

秋芙的头发被树枝拂乱了，蒋坦就蘸泉水帮她抹平。

秋芙患病，晚上想喝水，但瓦罐温凉，灶无余火，蒋坦又不忍叫醒奴仆，便将灯火分出一盏引燃，给秋芙做莲子汤。

…………

桩桩件件，都能感受到蒋坦对秋芙的用心。

秋芙回娘家，蒋坦独守空房，发出“兴应不浅，亦忆夜深有人，尚徘徊风露下否”的感慨，思妻之情溢于言表。秋芙有张伫立月下的小像，她借此调侃蒋坦：“你得感谢我的这张小像，能在我离家时陪你。”由此可见，蒋坦对秋芙是十分依赖的。

在蒋坦的诗作里，有多首都写于小别秋芙时，且以“思妇”“寄妇”为题。

猿上盘塘江上舟，西风吹老荻花秋。
未知渺渺身何极，到此茫茫我亦愁。
贫病竟因吾辈设，文章难作及身谋。
此行不为闲盐米，肯负香衾事远游。

家政从头与汝商，无烦典到嫁衣裳。
须知酒事寻常债，尚有田收十亩银。

顽钝功名休属望，艰难门户赖担当。
此心淡泊曾知我，莫更灯前苦断肠。

料无车马到乡村，从此山居早闭门。
世事但分三等看，人情须让一筹论。
葭莩莫忘先人好，樛木宜宽大妇恩。
更有长斋人独在，愿凭笑语慰黄昏。

欲为慰藉到临歧，一著言辞总觉非。
孤坐不宜常听雨，未寒须是早添衣。
半生心迹应能信，一月音书莫太稀。
客易梅花江土发，好携摊酒待人归。

——蒋坦《将发慈溪别妇四首》

第一首中，“贫病竟因吾辈设，文章难作及身谋”，是蒋坦的自嘲与失意。空有满腹才华，还是要为柴米油盐奔走。“肯负香衾事远游”，脱胎自唐代李商隐的《为有》“无端嫁得金龟婿，辜负香衾事早朝”一句。

第二首，描画了夫妇俩的生活常态。家里的大事小情，都是商量着来。对功名科考不抱希望，此心已然淡泊，酒债是寻常。

第三首着重写人情世故。“葭莩”意指亲戚疏远，“樛木”出自诗经《樛木》“南有樛木，葛藟累之”。葛藟缠绕樛木，是民间婚俗，比喻女子嫁给丈夫。先人好，大妇恩，又是蒋坦为人处世通透宽和的体现。

第四首，是写给秋芙的嘱托。“临歧”代指“分别”，蒋坦将千言万语书写下来，总觉得不是那么回事，该叮咛的都没说透。他提醒秋芙，一人独坐时，别孤自沉溺于雨声，以免伤情伤身；天气未寒时，也应提早绸缪，换上厚衣服。

四首下来，情意绵绵，起伏连连，完全可以把它理解为婚后的“情书”，蒋坦的自嘲、自知、自省，以及对秋芙的情深意笃、知冷知热，都跃然纸上了。

蒋坦的其他短别寄诗，调性和手法各不相同，水准也是上乘的。

带日樊江水，孤蓬远近间。
迢迢织女浦，隐隐少微山。
浅渚潮生长，归云梦往还。
渐看灯火出，知是到东关。
昨日钱清镇，今朝贺老祠。
山明当雪尽，风静觉帆迟。
眠食烦音问，星霜惜鬓丝。

金钱如卜我，早晚渡江时。

——蒋坦《由樊江晚泊东关寄妇》

上半部分以写景为主，寄情于景，将沿途水路风光，以规整的格律、浪漫的笔触书写出来。“迢迢”“隐隐”，遣词用句渲染出静谧旷远之韵。下半部分则以写情为主，触景生情。“鬓丝”“金钱”，笔锋转入现实的困顿。

露湿长堤草，行人千里道。
千里遥相思，行人应共之。
昨夜梦行人，衾裯缱绻亲。
觉后不相见，疑假复疑真。
行人常苦饥，居人常苦寒。
离居隔年载，遗我锦绣端。
镐绣岂足贵，长此结恩爱。
憔悴守空房，妾心终不悔。

——蒋坦《思妇吟》

夫为“行人”，妻为“居人”，全篇以独守空房的女子视角，柔肠百转地诉说着相思之情。没能同行，只能遥遥相思，梦里缱绻，醒来不辨真假。在现实的日子里，总要为饥寒所扰，但已结同心，“妾心不悔”。

蒋坦写给秋芙的其他诗作也都有相似的共性，字里行间，都是在情感与现实间的挣扎游弋。

玉样精神花样姿，佩声摇动下堂迟。
不防帘外红鹦鹉，偷听妆台祷祝词。
并坐传杯酒不空，一家裙屐斗春风。
昨宵梦见青鸾语，玉母桃花十万红。
牡丹恰好助新妆，石叶亲拈礼佛香。
愿乞长年松比寿，更添艳福到花王。
米盐琐屑误中年，嫁与黔娄只自怜。
举世不多崔侍御，何人为赠夜飞蝉。
——蒋坦《正月二十一日为内子生辰诗以寿之》

一句“米盐琐屑误中年，嫁与黔娄只自怜”，值得玩味。黔娄是指战国时期齐稷下先生，他是位有名的隐士，也是著名的道学家。鲁恭公曾聘其为相，齐威王曾请其为卿，皆被拒绝。后来，他隐居于济南千佛山，凿石为洞，家徒四壁，却安贫乐道。蒋坦自比“黔娄”不止一次，他也曾写过“河东门第清华甚，自嫁黔娄尽改常”之句，透露着对秋芙的愧意，还有对现状的懊恼。

后面提到的“崔侍御”，是唐代监察御史崔成甫，也是诗仙李白的友人。崔成甫因涉韦监一案被贬湘阴，后至金陵见李白，赠诗曰：“我是潇湘放逐臣，君辞明主汉江滨。天外常求太白老，金陵捉得酒仙人。”李白对曰：“严陵不从万乘游，归卧空山钓碧流。自是客星辞帝座，元非太白醉扬州。”怀才不遇的失意，是蒋坦的人生写照，能有秋芙这样的知心人，他深以为幸。

今年潦草度芳辰，时物纷看上市新。
自主自宾还自仆，无花无酒复无人。
浮萍逐水知何极，饥鸟思餐觉易亲。
从古生人多聚散，不须惆怅泪沾巾。
去年笋脯曾同食，今日含桃又上头。
甚苦此身为我累，不知大梦几时休。
五千言旨曾参得，十二年前尚忆不。
日日西湖青雀舫，当时裙屐正风流。

——蒋坦《立夏日寄妇》

此身为我累，大梦几时休?

秋芙体质羸弱，病症断断续续。咸丰二年（1852），蒋坦科考落第时，秋芙正在娘家卧榻，走了趟鬼门关。

《壬子落第寄妇二首》的第二首，记述了秋芙死里逃生的过程。

灯影忽坠地，喔喔闻鸡鸣。废笔坐待旦，不知心忆谁。

爱忆岁庚戌，汝病三月奇。先是汝母病，汝归不汝违。

继闻汝亦病，始骇还复疑。日暮登汝门，坐上纷巫医。

汝妹为我泣，言姐大病奇。问讯不及详，入室开罗帷。

含悲抚汝体，气弱如缅丝。汝于昏昧中，忍死牵我衣。

为言八九载，与子为夫妻。头白誓相守，不分中路离。

中路何足悲，念子失所依。唯期慎眠食，慰我泉下思。

我初闻汝言，欲哭还自唯。病者多忌讳，强止不敢啼。

夜半万籁寂，秋凉始侵肌。汝妹祷汝病，为汝修斗仪。

天姥大神力，七日回生机。我时在汝旁，

三十余日几。

甚赖汝妹贤，奔走分我疲。行见汝健饭，遂辞汝家归。

七月中元节，沿街蒿火微。死别幸获眠，生离何惨凄。

惨凄讵有益，仓猝宁不悲。我年甫及壮，发短面皱皮。

作事譬车毂，一住八九移。重以汝多病，烦忧彻心脾。

汝心我能测，我心汝应知。汝病幸有妹，我病畴扶持。

汝今复归宁，同气欣追随。恩爱定不薄，联袂偕游嬉。

患难昔相共，安乐今亦齐。忆否比翼侣，中夜长孤栖。

蒋坦科考失意，没能给秋芙带来好消息。他更为自责的是，无望给好妻子带来好生活。生活往往就是这样，你一心想着苦尽甘来，等到的往往是雪上加霜、祸不单行。

蒋坦能开解自己的理由是，一切还不算最糟。即便秋芙的状况愈来愈令人揪心，但好歹身旁还有人照料，帮她解闷抒怀。“汝妹祷汝病”“汝病幸有妹”，“汝妹”就是蒋坦在《秋灯琐忆》中提到的侣琼。

秋芙有诸多弟妹，其中还有一个不凡女子——佩琪。

> 秋夜正长，与妻妹佩琪围棋，三战三北。自念平生此技未肯让人，佩琪年未及笄，所造如此，殆天授耶？佩琪性静默，有林下风，字与诗篇，靡不精晓，自言前身自上清宫来。观其神寒骨清，洵非世间烟火人也。今不与对局数年矣，布算之神，应更倍昔。他日谢家堂上，当效楚子反整师复战，期雪曩年城下之耻。

佩琪天资聪颖不凡，蒋坦对她肯定很是欣赏，才让她占了一则的篇幅。谁料命运弄人，本想着改日复战一局，结果竟是后会无期。

有考证说，佩琪于咸丰五年（1855）秋猝然病逝，真应了那句“非世间烟火人也”。《秋灯琐忆》里的惊鸿一瞥，几乎是佩琪短暂人生留下的唯一痕迹。

佩琪的去世，给了病体未愈的秋芙致命一击。秋芙悲痛欲绝，旧疾再度复发。蒋坦深知，秋芙大去之日应该不远了，他要时刻做好准备了。

“银烛幢幢影补齐，重阳前后雨凄凄。此身已是将离鸟，犹使寒枝两处栖。”秋芙病情的恶化，也使得蒋坦与关家的关系更加紧张。岳母不告而来，要将秋芙接走，蒋坦不同意，又劝阻不成，十分恼恨。

母乃不我告，猝以车来迎。
水流亦有壑，叶落当归根。
我固不足重，终恐非人情。

冰冻三尺非一日之寒，蒋坦与岳家的矛盾不是一天两天了。当初关家同意将千金嫁给蒋坦，是因为看重蒋家的家世，寄望蒋坦的才华。但蒋坦科考不顺，分家移居后，又靠长辈接济度日，过得低调清苦，这令岳家一度不满。佩琪早逝，秋芙弥留，关母乱了阵脚，索性不顾情面，直接撕破了脸。

蒋坦每每与秋芙小别，都牵肠挂肚。而今妻子被接回绍兴娘家，心中的苦闷可想而知。

咸丰七年（1857）元旦，蒋坦梦见头发尽落，回想起蒋宾梅梦境里僧道高歌的唱词：

只回来巧递了云英密信，那裴航痴了心，何时得醒？

若不早回头，累我飞升。醒，醒，醒，明日阴晴难信。

看来，是到了闺阁尘缘解缠缚的时候了。

世间一场大梦，人生几度秋凉。正月未过，就传来了秋芙的死讯。三天后，蒋坦在家中设灵；一个月后，蒋坦将追悼亡妻的哀辞集成九十六首，汇成《愁鸾集》。“挑灯展遗卷，不觉泪涓涓”，当年八月，蒋坦又开雕秋芙的遗作《三十六芙蓉馆诗存》，秋芙的作品得以传世。

《浮生六记》的结尾，沈复获赠一小妾；《影梅庵忆语》之后，冒襄又留情于吴氏等女子。忆语中的佳人，不过是他们过往的重要片段，剩下的岁月，还是要向前看。

蒋坦却说，他“此生心已死，不敢说多情”。

6
山水湖溪

一方水土养一方人。人，反过来也塑造了一方水土。

蒋坦在《秋灯琐忆》里感叹自己平生未作百里之游。毕竟身在杭州，邻近西湖，这方钟灵毓秀的宝地，无论是自然景观，抑或历史人文遗迹，都不胜枚举。

相传天上的玉龙和金凤在银河边的仙岛上，找到了一块白玉，经多年打磨，白玉终成一颗璀璨的明珠，光芒所及，可使树木长青、百花齐放。王母娘娘发现后，派天兵天将抢夺宝珠。玉龙和金凤想要索回，结果王母手一松，明珠降落人间，化作粼粼西湖，玉龙和金凤也随之下凡，变作了玉龙山和凤凰山。

全国的大小景点中，有许多离不开王母娘娘的一时冲动。传说终究只是传说，西湖的起源与发展，要归功于大自然的鬼斧神工，还有一代代文人巧匠的辛勤铸就。

据史书记载，秦朝时，西湖还只是个同钱塘江相接的小海湾。西湖南北的吴山和宝石山，只是当时环抱着这个小海湾的两个耸立的岬角。在潮汐的冲击作用下，岬角慢慢蜕变成沙洲。此后日积月累，沙洲慢慢向东、南、北铺开扩展，终于把吴山和宝石山的沙洲连成一片，形成广袤的冲积平原，从而分隔开了海湾和钱塘江，海湾随之变成了一个内湖。西湖，便由此诞生了。

西湖有武林水、明圣湖、金牛湖、龙川、钱源、钱塘湖、上湖等名称，但是公认的只有两个，一是钱塘湖，一是西湖。“西湖”之名，最早始于隋唐，因为湖水位于城西；北宋以后，官方文件中以“西湖”相称，名家诗文中也用“西湖”替代了“钱塘湖”。“钱塘湖”之称，慢慢被人淡忘，“西湖”成了正统名号。

山水对于中国文人来说，是生活甚至生命的一部分，西湖则一直是学者墨客的宠儿，是审美力与感受力的天堂。文人与西湖，其实是一段互相成就的壮阔历史。张岱的《西湖梦寻》中归纳有“杭州六贤”的说法，“六贤”指的是李泌、白居易、苏轼、林逋、周维新、王弇州，他们都是西湖的知音。

唐代诗人白居易曾任杭州刺史，在两年多的时间里，他主持筑堤捍湖、疏浚西湖、重疏六井，解决了饮水和灌溉的问题，使杭州人得以近湖而栖，安居乐业，也奠定了西湖“三面云山一面城”的格局。

作为官员，白居易对西湖的贡献不菲，作为诗人，他更是竭尽才华地歌颂西湖。他一生作诗三千余首，以西湖为主题的就有两百首。“最爱湖东行不足，绿杨阴里白沙堤”“未能抛得杭州去，一半勾留是此湖”“欲将此意凭回棹，报与西湖风月知”……皆脍炙人口。

北宋时期，著名的隐士林逋长期隐居在杭州孤山，他游历了完整的西湖，并留下了“梅妻鹤子”的典故。他种植梅花、饲养仙鹤，终生未娶，作诗随就随弃，并不留存，幸亏“有心人窃记之”，才得数百首传世，其中就有“混元神巧本无形，匠出西湖作画屏”等经典诗句。他恬然自适的清高情态，早已与西湖合二为一。

另外一位就是尽人皆知的苏东坡了。“欲把西湖比西子，淡妆浓抹总相宜”，西湖之所以又被称为“西子湖”，便是苏东坡的手笔。苏东坡两度在杭州为官，曾以龙图阁学士的身份领军浙西兼任杭州太守。当时的西湖荒芜破败，缺乏治理，苏东坡上书朝廷，曰：

> 熙宁中，臣通判本州，湖之葑合者，盖十二三耳；而今者十六七之间，遂塞其半。父老皆言，十年以来，水浅葑横，如云翳空，倏忽便满。更二十年，无西湖矣。

苏东坡为了疏浚湖水，积极发动民众，修建长堤，建六桥九亭，化腐朽为神奇，成就了道道奇景。在一次次半醉中，他目睹杭州西湖的繁华，感动于烟树碧水、亭台错落，自在享受着人生真味。杭州人至今感念苏东坡，西湖的秀丽山水，也牢记着这位北宋文豪的丰功伟绩。西湖边的东坡路、学士路，以及“西湖十景”中的“苏堤春晓”“三潭印月”，都与他相关。

正史之外，西湖自古也是风花雪月、谈情说爱的圣地——我国四大古典传奇之一的《白蛇传》，就发生在西湖断桥，许仙与白娘子相识于此，短别后又在这里重逢。又传南齐歌伎苏小小乘车出游时，在白堤上遇到了才子阮郁，两人一见倾心。苏小小表白道："妾乘油壁车，郎跨青骢马。何处结同心，西泠松柏下。"迫于时势，碍于身世，苏小小终难与阮郁结秦晋之好，她忧思成疾，死后葬于西泠桥畔，墓亭得名"慕才亭"。1978年，杭州市文化局出版了《西湖民间故事》一书，将口口相传的爱情传奇、坊间趣谈、野史演义收录其中，包含《打玉鼠》《白娘子》《白公堤》《精忠柏》《瑞石》《七星缸》《火烧净慈寺》《运木古井》《济颠匿池》《鸡笼山竹》《鲁妹造伞》《打乌蛇》《宋嫂鱼》《方百花点将》《棋盘阵》等数十个经典佳话。

西湖是挖掘不尽的宝藏，人气、妖气、仙气、文气都有，这在全世界的地缘文化中都十分罕见。身为土生土长的杭州文人，蒋坦的作品中不可能没有西湖。

《秋灯琐忆》写人写情多于写景致，对西湖名胜着墨不多，其中有一段借景怀人：

> 虎跑泉上有木樨数株，偃伏石上，花时黄雪满阶，如游天香国中，足怡鼻观。余负花癖，与秋芙常煮茗其下。秋芙拗花簪鬓，额上发为树枝捎乱，余为蘸泉水掠之。

——蘸着泉水为爱人理顺乱发，实在浪漫。如今，虎跑泉是新西湖十景之一，位列西湖诸泉之首。

蒋坦称秋芙做的纸笺精美无比，还“曾为余录《西湖百咏》，惜为郭季虎携去”。从蒋坦现存的诗作来看，对西湖的书写虽未能超越先贤，却也别有情致。根据光绪九年（1883）钱塘丁氏嘉惠堂《西湖杂诗》刻本，现将蒋坦的西湖诗作摘录部分于此：

雷峰倒影失云根，雨细风斜欲断魂。
报道郎君骑马过，绿杨阴里问西村。

万重楼阁锁烟霞，十丈峰峦拥翠华。
洞里白猿呼不应，天风吹雨落藤花。

延祥观建黄庭殿，景德门通太乙宫。
五福贵星留不得，夜灯空照九枝红。

养鱼庄上白鱼肥，来凤亭前彩凤飞。
香市不如茶市好，普门买得早春归。

处士桥通学士沟，两湖烟水动人愁。
西风不结王坟豆，白草黄花各自秋。

零钟断鼓带愁听，涧水交流冷茯苓。
修到鸳鸯知解脱，白莲花底诵金经。

高岩千仞耸崔嵬，眼底江山几劫灰。
不见亭湾人骑射，秋风衰草病龙媒。

湖涌金牛事未真，夹堤柳浪绿成春。
桃花港内多流水，可许渔郎再问津。

桥下长虹镜里天，两山南北隔云烟。
布帆十幅挂天际，知是云林盏饭船。

朱门玉阙锁千层，一夜唐花发马塍。
回首画船箫鼓歇，晚风吹冷石台磴。

乌纱红袖杳无存，酾酒难招不返魂。
小犬垂头花底卧，年年春色梦南园。

兰因絮果识三生，曾感云容一顾情。
红断芙蓉城下路，相思何处问瑶英。

朱栏十二画桥西，春水生时谢豹啼。
冷落楼台旧歌舞，菜花黄过赵公堤。

山气空蒙日夕佳，波光作镜净于揩。
烟鬟妆出石新妇，束笋为鞋松作钗。

何处书生助战功，灵鼍响绝鼓逢逢。
有人欲画江南去，立马吴山第一峰。

画里烟霞醉后诗，菱花落粉柳成丝。
诗人莫问张员外，三尺斜阳冷墓碑。

远山叠叠水溅溅，花抱春红草带烟。
十里黄云吹不断，更无人识鲍家田。

玉女峰头碧藓滋，千秋空忆杜明师。
青山无复迎双屐，剩有孤亭号客儿。

四山摇绿昼森森，湖水平添数尺深。
宋嫂鱼羹裴姥酒，锅中销却几黄金。

芳草何人拾翠翘，当年只悔遇超超。

团圞未了因缘事，怕听回船过断桥。

香罗衫子郁金裳，花外呶呶笑语忙。
贪看雀竿新作戏，荠花齐插鬓边黄。

闲闲十亩种桑麻，槿木编篱整复斜。
汲得真珠泉一勺，小姑新点七家茶。

香车宝马去无踪，一路山花踯躅红。
微雨昨宵活新绿，水禽啼上石屏风。

水光清浅影横斜，来谒咸平处士家。
童子开门放鹤去，满山残雪梦梅花。

人间地下不相逢，来是无端去绝踪。
夜夜长桥短桥月，一双红照玉芙蓉。

山北山南路不纡，隔林遥见藕花居。
白苹吹动一池雨，知是南屏金鲫鱼。

东浦桥通曲港船，三山祠下拜三贤。
白公苏老林和靖，留为袁樵趁酒钱。

水烟山渌敛还无，收拾秋光入画图。
隔岸两三红豆小，谁家吹动引光奴。

雷声隐隐响车轮，锁煞宫花尽日春。
歌扇抛残舞衣冷，游魂不返魏夫人。

丛篁老柳枕寒流，剩水残山感旧游。
万点白荷花上雨，秋声吹入望湖楼。

山僧享我馔伊蒲，香积重开竹里厨。
芋火罢红烟散绿，土花冷绣辟尘炉。

鲤鱼吹动藕花潮，扑面风来酒未消。
黄篾楼空白鹤去，更无人上玉钩桥。

总宜亭外晚凉多，鬓影衣香隐翠娥。
日暮剌船三塔去，秋风吹出采菱歌。

老梅开遍旧园林，明远楼高春雪深。
幸有白头宫女在，新词犹说水龙吟。

檏花红绣牡丹春，第一轻盈掌上身。
携得湖山春社酒，九层台下拜花神。

瓜皮艇子水中央，楚楚衣裳澹澹妆。
朝过观音朝岳帝，鸠钱更进霍山香。

花里红楼月下门，玉杯梨汁半温暾。
镜潮红断胭脂色，谁返亭亭倩女魂。

生来丙穴终无匹，跳上龙门终不如。
昨夜桃花新涨水，一双红动玉泉鱼。

八驺重向墓门过，六角高亭荫翠娥。
脱脱不才才小小，将军从此艳情多。

拍岸鱼龙水气腥，虚堂新设铁窗棂。
蒲衣道士今何在，羽扇千年落凤翎。

蒋坦的文思与爱情，在“西湖宇宙”中璀璨生辉。

关于西湖的故事文章，一直被传诵着、更新着，永不断绝。余秋雨曾在《西湖梦》一文中写道：

西湖的文章实在做得太多了，做的人中又多历代高手，再做下去连自己也觉得愚蠢。但是，虽经多次违避，最后笔头一抖，还是写下来这个俗不可耐的题目。

它有强大的磁场，其吸引力历经千余年而不衰。

说西湖，也必须讲西溪。相较于西湖，它的知名度并不高。

西溪，同西湖、西泠印社并称为“杭州三西”，也是杭州三大赏梅胜地之一。西溪一带是蒋坦出生的地方，是槐眉山庄所在地，更是杭州文化的发源地。有人说，西溪里有前世的钱塘梦。这片广袤的湿地已有四五千年的历史，汉唐时期才有人类在此活动，五代时期有了驻军，宋元时迎来发展。宋高宗赵构属意西溪的风光风水，打算在此建都，后因财力、人力不足，不得不放弃。明清，是西溪最为昌盛的时期。明末清初时，很多文人隐居避乱，都落户西溪，以教书作画为生，怡情山水以解忧。名人雅士的云集，使得西溪的文化事业也发展起来，并建立了百余所“文人庵”。文人经常到庵里吟诗会友，庵里的诗僧也常与文人应和。

有道是“西湖游罢西溪去”，这片人文荟萃、风景绮丽的宝地，也得南巡帝王的青睐。清康熙帝饱览西湖美景后转道西溪，穿梭于梅芦之间，陶醉于山水相映，亲笔御制《西溪》一首：

十里清溪曲，修篁入望森。
暖催梅信早，水落草痕深。
俗籍渔为业，园饶笋作林。
民风爱淳朴，不厌一登临。

乾隆帝南巡钱塘时，翻法华、越秦亭，寻得西溪宝地，效仿祖父康熙帝提笔御制《西溪》：

意行跋玉骢，高陟法华顶。
西寻野溪幽，东眺明湖影。
竹径既曲折，烟村亦僻静。
梅英贴流水，松涛响峻岭。
高墅早颓废，张园复荒冷。
都无百年久，寂寥非昔境。
何怪指辇道，旧迹人莫省。

《西溪秋雪庵志》的序中载：

山水景有变乎？吾不得而知也。山水景无变乎？吾亦不得而知也。然则孰可传？曰文字可传。孰可久？曰文字可久。

文字比山水更长久，比生命更长久。咸丰六年（1856），蒋坦的另一部散文游记——《溪山游识》刊行，主题为西溪之胜。此前，蒋坦、秋芙曾多次游历西溪的秋雪庵、张照别业、交芦庵等名胜，留下了诸多诗篇。而《溪山游识》的时空线索更为系统，情与景皆饱满完整。文字犹如一幅长卷，将当年的西溪风光，永远地定格、保存下来。

著文前一年，僧人一如写诗约游蒋坦：

日日来看溪上山，老僧身比白云闲。
明朝准买余杭酒，待尔交芦秋雪间。

在西溪云章阁，蒋坦与友人的旅行正式开始，同行的还有黄燮清等至交。

出郭二十里，溪流转林麓。
推篷纳岚气，烟翠近堪掬。

秋飔起芦苇，菱歌断以续。
水腥上鱼市，藤低架牛屋。
篝灯出机影，田家饭初熟。
到门月在树，村犬吠剥啄。
所惜白日短，良游当继烛。
不闻蟋蟀唱，夫会亦已促。
我生早贫贱，幸不失闲福。
顾兹牛衣人，可以佐穷独。
田庐倘无恙，吾将老岩谷。

——蒋坦《暮至西溪宿云章阁》

此时的蒋坦已经三十多岁，他饱受磨难，隐遁之心日甚。前文说过，此时的秋芙病情反复，体弱如风烛，蒋坦对未来的打算，是彻底的孑然清净。借着这趟旅行，他想从山水中反观性灵，找到温暖残生的光。

据《溪山游识》记载，蒋坦一行在云章阁夜宿后，又于次日放船荆山，沿着小路攀登而上。竹林丛翠间，有茅屋错落，门前桃李，花枝灿烂。荆山中一片墓地，坟冢累累，蒋坦每次来扫墓，都慨叹兴衰生死，沧海桑田。

荆山青盘盘，九曲势缭绕。
清泉出林罅，潺湲夹溪抱。

幽禽破丛绿，一径曲而窅。
白云导人往，踏翠上林表。
打头响黄叶，天风去来扫。
昔闻魏无瑕，蓬居此修道。
绀碧地开刹，洁白鼎成宝。
自从鹤驭远，琳官有栖草。
人生譬朱槿，朝花夕枯槁。
非无还返丹，颜色岂长保。
不见恒河间，秋雪上头早。
踟蹰望天际，钟声落霜晓。

——蒋坦《荆山》

而后，蒋坦一行人又进了大马山。烟云就在身周缭绕，竹林参差，密密实实的没有缝隙，霜叶还未凋落，就像积翠中的胭脂，点缀其间，美不胜收。于山巅四望，数十里之外，山峦起伏环绕，“如盘，如几，如旗，如鼓，如鸟翼，如伛偻形”。

出山时，有迷路之困，沿着樵夫指的方向，却见石径断绝，藤蔓疯长，只闻水声，不见溪涧。莫非是樵夫骗人？蒋坦正犹疑着，忽然听到西北方有梵音飘来，寻声而去，才想起这便是来时经过的地方。

逛完夜市，过了八家桥，见“烟水苍葭，橙色碧如镜，岁旱芦花不盛，澄波之间，只微雪而已”。回到住所，秋芙寄书来，还附带着糖栗酥饼。蒋坦与友人分食，就着梅花泉烹的茶水，秉烛倾谈。

翌日阴天，蒋坦带着友人再一次来到交芦庵，遇到一位老友，相伴同行。

清朝年间曾有位杨姓官员死后葬于石人岭，并在山脚路口竖立牌坊一座，题名“杨家牌楼”。“闻杨家牌楼有老桂一株”，蒋坦一行人于是前往观赏。据说桂树繁茂时，能覆荫数十家，蒋坦两次探访，都未找到传说中的那棵树。

沿路蜿蜒而行，抵达休庵门。庵中有“蓑衣泉”，水流贴着岩壁滴滴而落，壁下有方池，千百小鱼游弋其中，聚拢时就像一撮稻秧，细密不可数。

阴雨连绵，入座小憩。借一捧泉水，煮一壶清茶，红尘凡俗的油腻烦扰全被洗涤清净。

雨停后，几人出山，游兴未尽，可惜已是日暮，只能远眺梅溪庵的灯火。这一路，越是苦寻的，越难觅得。蒋坦不禁感叹，这世上所有皆有定缘，不能强求。

休庵可小休，眠云宜高眠。
层峰当户列，日落横苍烟。
俯视何所有，万顷琅玕田。

幽梦堕橙碧，不雨秋悠然。
阴崖漱寒漏，激石铿冰弦。
小饮洗烦浊，世网沾以捐。
各现欢喜相，幸到清凉天。

——黄燮清《由休庵至眠云室品蓑衣泉》

黄燮清时年已五十，太平军起义后，他放弃仕途，怡情山水。此行后，蒋坦与他几乎再无游乐之快，各自被卷入历史洪流中，不足十年，先后离世。

这是他们最后的“狂欢”了。

或许是冥冥中的感应，这一趟西溪游历，不尽了兴，断然不归返，即便盘缠都已花光，蒋坦等人也要典当衣物，买舟雇车，继续前行。

石门桥横跨堤间，一僧持伞过桥，襟裾皆翠。俄而云气稍散，缕缕然升于峰巅，接于长空。寒鸦四五点，入奇青淡白间，是米老泼墨山水也。憩欢喜亭，雨少霁，亭外叶叶作声，禽语架格，白云我心，俱生欢喜。舆中成五言诗云：“深林不见人，山入乱流响。独坐白云间，我心共来往。”

盘曲而上，一座山峰一转旋，宛如观音十二面。时常迎面又突显山峰一座，弯弯绕绕后才通坦途。淳朴的房屋群落鳞次排布，戏台那儿传来鼓乐声声，这简直就是清凉界中不期而遇的繁华地。

到了元同桥，石林兀立，千态万状，疑非人境。拂去尘灰青苔，坐在平石上，肺腑皆凉。清风在林中沙沙作响，有水声隐隐传来。

蛟亭界苍玉，乃在烟中央。
日落有余气，秋痕交罗裳。
天风动虚籁，不断吹松簧。
疏影上寒翠，人语生微凉。
回桥顾鬓影，何如溪流长。
前哲既云邈，余心岂能忘。

——蒋坦《竹径晚步憩元同桥》

这一晚，蒋坦入住“洞霄宫”。

洞霄宫是著名的道教名胜，又称大涤洞天、天柱观，与北京的白云观、山西的永乐宫、成都的青羊宫等齐名。李白、苏轼、陆游、范成大等均有题咏，许迈、郭文举、吴筠、邓牧等先后在此久居。望着圣贤遗迹，黄燮清不禁感慨：“题名此中虽传，亦迷闷千上古。”

伴着《空谷》凄怆的唱诵，望着天寒日暮的景象，蒋坦“怅然不欢”，“又思我美人矣”。

孤日危青松，飞涛激石怒。
上有元同桥，仙人每相遇。
乃忆许道士，移瓢昔栖住。
种箬裹丹粒，栽桃满山路。
黄螾既调伏，白鹿遂仙去。
天风警仙骨，层空耿霞步。
始悟修道人，神贵以气御。
不见溪上禽，捣药尚在树。
此是仙所化，世人岂知故。
静夜叩玉真，寒香隔烟度。

——蒋坦《宿洞霄宫》

游历数日，阴雨时多，晴朗时少。“二十七日，阴，五更雨止。披衣起坐，残灯不明。”

蒋坦开门望山，一片雾霭迷蒙、混沌之色，他悄步出门，在元同桥边小坐。

柳岸旁的家户，主人应该许久未归。渔人的蓑衣挂在门上，提水的吊杆斜倚着，有荒废凄凉之象。蒋坦不由得唏嘘，黎民皆苦，浮生忙碌。

蒋坦折返观内，随行者陆续醒来。初升的太阳照着屋梁，草树沐浴着新一轮的生机。蒋坦雇了竹轿，与友人在傍午出发，继续“穷游”。雨水又淅沥落下，蒋坦自嘲，此行独结雨缘。

四山绿树如烟，经过凤山楼阁，也只是伸头观望，身心懒散，不想再探访了。

到了薄暮时分，该给车夫付钱了。盘缠已经花光，好一通讨价还价，着实窘迫。

蒋坦心中更加不快：为何总要因银财败兴？真是逃到哪里，都躲不过缺钱的困扰。每每觉得已无限接近超脱，伸手就能够到圣贤境界，现实总会尾随着给你泼一盆冷水，真是讨厌得很。

行舟出了东门关，秋风吟，芦苇荡，大家立在船头，静默不语，各有体会。霜露天寒，可惜没有酒来暖身起兴。黄燮清在船上成诗一首，剪灯诵读，惹得湖中鱼儿都绕到船边来听。回首西溪，就在盈盈一水间。

萍迹无常，来日西风，又将送客。入夜熄灯时，几位挚友相对黯然。

谁说闲云野鹤就能了然无忧呢？人生处处都是得失聚散，逃不开，意难平。

黄燮清等人辞别。蒋坦偕友继续游走，照旧是雨下不停。秋芙寄来了棉衣，附二绝句：

一从别后音信稀，日日登楼望雁飞。
原不龙沙隔风雪，要人依样寄寒衣。

枣帘昨夜卷新霜，却喜今年病体强。
自向屏山写秋菊，借他相伴过重阳。

蒋坦向东望去。是啊，该回家了。

时过一百多年，巢园虽已不存，但西溪还在，它见证了蒋坦的快意与失落、慧悟与迷惘。

同西湖一样，西溪的故事还在继续，关于它的笔墨记录一直在延续。著名作家郁达夫先生就曾在《西溪的晴雨》中，将西溪与西湖相比较——他说西湖“太齐整，太小巧，不够味儿”，而西溪充满了“野趣”。

如今的西溪湿地被重新规划保护，公园内蕴含“梵、隐、俗、闲、野”五大主题文化要素，有“秋芦飞雪”“高庄宸迹”“渔庄烟水”“河渚听曲”“深潭会舟”“曲水寻梅”“柿林秋色”等七景。蒋坦所见所感，依稀可循。

松风牵衣，似是故人来。

7
乱世遗踪

个体命运与社会变局紧紧相连。

忆语体作品中，以《影梅庵忆语》时代背景最为恢宏。明清鼎革时期，名士名媛的沉浮与选择、各种历史事件的侧写，都清晰记录着江山易主的剧变。

为躲避战乱，冒襄一家四处流亡，不知明日身在何处，饱受颠沛流离之苦。他亲历了满人入关、剃发令、南明政权建立与覆灭的过程，一直以“明遗民”的身份活到崭新盛世，这一遭，使得他的人生绕不开“气节”“身份”“存活”三个命题。

曾经流连于秦淮烟柳的翩翩公子，晚年以卖字为生。一生被拆分成两段，繁华与荒芜，发髻与长辫，泾渭分明。

按时间线，《浮生六记》的著作者沈复生在康乾盛世的末期，他的一生见证了清朝由盛至衰的滑坡。沈复记述的弃文从商、家庭撕裂等经历，以及读书人不谈考学功名的现象，都是当时隐埋的社会问题。

沈复晚年下落不明，据推测，应死于道光十二年

（1832）。那一年，蒋坦十岁。

三个人，接力串联起最后一个封建王朝的起落。

19 世纪下半叶，腐败的封建统治和沉重的剥削，导致阶级矛盾激化。鸦片战争以后，清政府为支付赔款，疯狂地搜刮人民，吏治更加腐败；贪官污吏、土豪劣绅也趁机勒索百姓；同时，自然灾害频发，水、旱、虫等天灾不断，可谓雪上加霜。劳苦大众陷入饥饿与死亡的困境，终于不堪忍受，纷纷起义。道光三十年（1850）年末至咸丰元年（1851）年初，由洪秀全等人组成的领导集团，在广西金田村发动反抗清朝的武装起义；后建立太平天国，并于咸丰三年（1853）攻下今日的南京，定都称天京。

而后，天京事变，三王被杀。清军趁太平天国内讧，重建江北、江南大营。咸丰十年（1860），李秀成率部至安徽芜湖，采用“围魏救赵”之策，“围攻杭州，以救天京”。第二年初春，李秀成占领浙江，包围杭城。

杭州被太平军进攻了两次，占领了三年，原有居民由八十一万减至七八万，有被屠戮的，有自杀的，也有逃跑的，原本富庶宁静的江南，“几于百里无人烟，其中大半人民死亡，室庐焚毁，田亩无主，荒弃不耕”。

江浙一带，曾有“不忍视上国之衣冠，沦于夷狄”，宁愿留发不留头的悲壮历史。三百年后，太平军将“不剃发”作为革命的标志，“尽杀剃发人”。想做顺民，左右为难——剃发，被太平军杀；不剃，则被清军视为逆贼同党。太平军烧杀抢掠，因残暴不仁而大失人心，许多老百姓心甘情愿地剃发，站队朝廷。对比来看，就像是历史的玩笑。

太平军第一次袭杭时，蒋坦带着子、妾，从烽火刀刃中脱身，去慈溪投靠友人王景曾，避乱自救。

慈溪县西南十里，即今天的宁波市黄山村，是蒋坦在《黄山小志》中所记的黄山。传说有一个神仙挑着一担黄土经过此地时，不小心被绊了一跤，从两只土箕中各掉下一堆黄土，南面的一堆黄土即前黄山，北面的一堆黄土即后黄山，“黄山”村名由此而来。

这不是蒋坦第一次来黄山，此前，黄燮清曾带他来此探访过，并留诗一首，诗云：

族居真太古，群从尽风流。

所谓“族居”，指的就是王氏一族，“黄山”因此也被称为“王山”。王景曾是第二十二世孙，正五品散官。

黄山的家族史，用四个字概括就是——凰来鹰去。“凰”为王氏，“鹰”为原土著应氏，取谐音而合其意，着实有趣。据蒋坦记载，“相传明时，应氏极盛，自王氏居此，应渐式微”。

元末明初，黄山村以应氏家族称盛；王氏家族则居住在县城慈城的唐家堰地区，史称“唐堰王氏”。从明初开始，因祖先墓冢多在黄山，故有王家族人陆续迁居黄山。永乐朝后，从王氏家族走出了三位高官——工部尚书王来、刑部主事王复、广东佥事王鼎，人称“三凤”。正统年间，“三凤”王氏之下的第八代孙，人称“仝十八公”的王钮，“耕凿陶陶，儿孙济济，以庐墓迁居黄山”，完成了整个家族的迁徙。明末清初，王氏家族真正崛起，名人辈出。

蒋坦早年游玩曹娥江，初到黄山时，就与王景曾结下了深厚的情谊。咸丰九年（1859）秋，王景曾应试于杭，曾寄居蒋坦家。如今蒋坦避难黄山，王景曾礼尚往来，热情收留招待。

在哀鸿遍野的时局下，黄山就像一座孤岛，炊烟袅袅，安静祥和。但蒋坦的心没有一刻安宁，他一直留意着太平军的动向，随时准备踏上归程。在短暂的避乱间隙，蒋坦为排忧解愁，也为了答谢这方土地，便四处走访，记录胜迹与传说，完成了前文提到的《黄山小志》。《黄山小志》，是蒋坦的又一部特别的著作，也是蒋坦文学生涯的终章。

> 黄山距慈溪县城八里，烟火数百家，风俗朴厚，宛然一秦时桃源也。余于咸丰庚申四月避乱此山，日与牧竖荛人闲话于禾畦麦垄之间，凡自庵宇之废兴，人事之怪诞，墟墓园亭之始末，溪潭桥涧之源流，耳有所闻，归辄命中书记之。昔韩秋严有《雁山杂记》，王阮亭作《广州小志》，皆于游屐中得之。今此山虽无奇胜，而考资掌故则同，故名曰“黄山小志”。

《黄山小志》是在史料不够完备的情况下仓促行笔完成的，从四月到年底，仅半年多，根本没有精力跟心情进行翔实深入的挖掘考证。蒋坦回杭州时，手稿和抄本全都留在了黄山，并没有带走；而王景曾在蒋坦回杭后不久便离世了，所以《黄山小志》一直未得到及时的补充。直到光绪二十年（1894），王氏后人王仁元才增补了《续黄山小志》，在《黄山小志》的基础上补充了大屋、祠堂、书斋、庙宇、风物等内容。

据宁波文献专家龚烈沸编著的《宁波古今方志录要》记述，1949年之前，宁波市范围内的村志，唯有明人叶时标撰写的《石步志》一卷本，著录于《慈溪县志》卷四十七《艺文志》，可惜没有刻印流传；独有《黄山小志》流传至今，填补了明清时期宁波村志刻印的空白。

同时，《黄山小志》也开创了外来名人编写村志的先河。蒋氏文风，至今仍为王氏家族赞颂，王氏后人王咏嘉在 1947 年写道：

> 《黄山小志》，先人手泽也。回溯前代，书香家风，今也世道日非，渐兴式微之叹矣！所宜急起直追，光前裕后者，恃儿孙之读书知理也。小子不敏，有志焉而未逮，所望于来者尤殷且亟也。作《隐居》一首述怀："龟山映池蔚嵯峨，隐居即在龟山坡。闲看门前池中水，春风秋风一样波。池中钓鱼鱼最美，煮鱼便是池中水。即此是乐无所求，不仙不俗无常轨。君不见，新渡江头日两潮，悟得盛衰意自消。君不见，世间多少失意事，孰比名利更无聊。闲来买酒对花酌，不知晦明不知朝。"

字字句句漫溢着对星移斗转、沧海桑田的感怀。而今的黄山，水色花香尚存，宗祠遗址可辨，但整体风貌已不复昔日之胜。光绪年间，王家宗祠被改建成了学校，仅剩王治本的故居"白屋"，还有王肃雍的故居"大夫第"。王治本，算是光绪年间中日文化交流的使者，他先后四次游历日本讲学；王肃雍，清朝议大夫，故居藏品皆是稀世珍宝。他们是王氏一族最后的辉煌。

蒋坦一生看似“无为”，但其创造的价值，今日审度，不可估量。

“史编天下之大，志则录一邑之小”，清代方志盛行，编纂体例已十分成熟，无论是官修，还是私编，套用模板即可。蒋坦偏是个不走寻常路的异类，他大胆采用了笔记体，这在全国都寥寥无几。再严格细说，《黄山小志》并非游记地理志，它应当被定义为“村志”——常规的地理志，往往寄情于景，描述与咏叹并行；而《黄山小志》几乎是客观的白描，资料性较强。另外，《黄山小志》以王家氏族为中心，并未列入其他风光故事。

书中，蒋坦记录的黄山地区的主要景观共有三十处。自然景观包括：前后王山、东西田洋、乌石山、白芦岭、龟坪、井湾、钩泾、龙潭、虎潭。人文景观有：阮公井、荷池、鸥渚桥、安仁桥、长桥、五树、石人、独乐园、半角山房、万绿轩、黄山庙、萃星阁、五雷坛、别墅庵、普济庵、王氏宗祠、石城祠、诜二公墓、明白先生墓、石城公墓、仝十八先生墓庐。现将《黄山小志》的部分内容节录于下：

前后黄山

黄山距县城八里，以山中皆王氏所居，故一名王山。山多丛筱乔松，苍翠岩滴，两峰相对，形似覆盂。相传明时应氏极盛，自王氏居此，应渐式微，故山人有“凤来鹰去”之谚。

白芦岭

白芦岭前后黄山来脉之地。峰不甚高，而平远松秀，宛入黄子久着色画本。山下有张氏，卖生产药极效。相传张氏先生世好为善，乞儿登其门者，必饮食之。后有乞儿来宿三日，以怀中书授之曰：善藏之灶前，我去后三日开始视，当有益汝也。张曰：诺！会其子归，窃视之。其书忽被风刮去空中。亟夺之，仅得一纸，即所传生产药方也。

王氏宗祠

王氏宗祠在后山，自前明创始，迨今数百年矣。祠中屋宇无华侈之习，春秋祀享，子孙多至数百人。楚楚衣冠，其风古朴。时有村夫子课徙其中，读书之声，常出竹烟篱落间。

明白先生墓

明白先生，讳桓，诜二公子也（黄山王氏五世祖）。明洪武四年，召对便殿称旨，帝呼老学士。初家居时，乡人有不平事，咸取决焉，世遂称“明白先生”。晚年以诗酒自娱，殁后卜葬后山，孙来以书尚贵，复建墓门。今翁仲俱亡，唯华表一枚，尚竖荒苔丛草中，作黛绿之色。

黄山的风土人情，有陶渊明《桃花源记》的境界。如果是在太平年景闲游于此，蒋坦势必感慨良多。村落的风光，村民的风习，还有一个个近乎寓言的传闻逸事，皆具生趣，令人回味。何况有朋友收留，不必为衣食发愁，蒋坦但凡脸皮能厚一些，在村里教书，了此残生，也乐得个清净。但他一直有落叶归根的执念，怀乡恋旧，心系故土。彼时杭州动荡，蒋坦没有一刻安宁，任眼前天地旷远，民生安逸，也只有走马观花之力，无咀嚼沉溺之兴。

咸丰十年（1860），蒋坦终于等来了“好消息”——太平军撤离了杭州。王景曾再三挽留，要蒋坦等时局稳定些再走不迟，但蒋坦思乡情切，执意要走。谋得了回去的盘缠，蒋坦携子、妾出发了。

蒋坦没想到，这竟是他与王景曾见的最后一面。数月后，王景曾在大醉之后重病不起，于咸丰十一年（1861）春，永远地留在了黄山。

杭州也并没有恢复安宁，十月中旬，太平军卷土重来。他们进军浙江，途经临安，攻克余杭，杀入卖鱼桥，与清军在杭州交战。随着太平军的全面围攻，清军陷入断粮无援的境地。整整两个月，码头、陆路皆不通，杭州百姓饥寒交困，无以为继。想再度出逃，已然是不可能的了。

蒋坦带着全家藏身在败巷之中。因为断粮多日，家人一个个地死在他眼前。

原来，此前经历的不幸都只是铺垫，真正的劫难这才到来。

冬日来临，蒋坦也成了杭州城角落里的一具尸骸。

蒋坦曾一度感慨众生不易，忙忙碌碌为饥寒所驱，而他自己，最终也死于饥寒。

四十年如白驹过隙，杭州的春日还会如常到来，一次次的更迭变迁，一辈辈的悲欢离合，无休无止。

也许蒋坦早已魂归净土。弥陀座下，秋芙等了很久，对望时，浅笑嫣然。

随生死流，入大爱河。爱河干枯，令汝解脱。

——《华严经》

◆◆◇ 清风拂萍

关锳小传

1
雅音不朽

关于秋芙生平的著述并不多，《木鸡书屋文五集》卷四中有一篇黄金台所著的《女士关秋芙传》，现摘录如下：

> 今夫装梁家之堕马，未解风骚；扫虢国之修蛾，不工著述。貌虽杏艳，心实蓬枯。否则李宫人金弹成词，或疑王建；郭小玉萝茵得句，曾倩令晖。亦不过馋鼎赝齐，床刀捉魏

而已。若夫采兰有曲，令娴少便多情；飞絮善吟，道韫生而夙慧。无云不织，有月皆修。则有如关秋芙女士，庶足播芬彤史，擅誉墨林矣。秋芙名锳，钱塘人。岁在癸卯，归蒋蔼卿茂材。蔼卿落笔摇岳，驱文作江，本金山玉海之才，著《月地花天》之集。当夫期占灵鹊，兆协飞凰，丁筵定情，甲帐并笑，得马伦之佳偶，作鸿案之良朋。百两宜家，奏和声于南国；一灯佐读，成博议于东莱。而秋芙书能拄腹，慧不拾牙。其为诗也，千回锦上之文，四角盘中之曲。雅音自奏，绿筠助其清声；华采欲飞，红杏几于失色。其为词也，托意芬芳，寄情幽峭。乱蛩絮夕，分其新愁；娇鸟啼晨，拾此残笑。时或石屋坐雨，段桥攓云，花攀马塍，泉煮龙井。南湖采芰，偶赋远游；西溪看芦，每思偕隐。靡不洒来珠唾，写出瑶情。山香之绮能描，水藻之妍自斫。此《三十六芙蓉存稿》所以传诵人寰也。矧乃午夜抚琴，妙弹绿绮；寅窗作字，惯写黄庭。绘曹宗妇之藕花，挥管夫人之竹树，何画眉之多暇，俨著手以成春。加以雅慕净因，独耽禅悦。明三种量，习四阿含。紫竹林中，皈木居士；白莲座下，拜玉观音。誓断郇庖之荤，长茹庚圃之菜。香生猊榻，福种鸡园。方谓游纪西秦，王韫秀得偕元辅；史修东观，曹大家克葆耆龄。何图苦竹之心，未秋先瘁；香桃之骨，方春已瘽。愁看姊妹之花，尝遍君臣之药。玉律不暖，金梭忽飞。如此聪明，偏教损寿，可知闺阃，端忌多才。卒于咸丰丁巳正月廿一日，年只三十有六。蔼卿神凄白传，梦断黄门。镜挂双轮，依然映月；帘垂一桁，竟不成云。鹦鹉笼凋，鸳鸯印冷。笑牵牛于七夕，此生未卜他生；叹走马于四门，没日恰同诞日。魂销别鹄，尠十万钱营奠之资；集著《愁鸾》，有八十首悼亡之什。今虽邦衡侍女，官柳有情；平仲小姬，蒨桃无恙。而一念夫琼钗蝶化，宝瑟鸿离，庑虚赁春，轩扃写韵。人归碧落，遥天之笙鹤如闻；秋入红蕤，乐府之妃豨谁和？有不泪流一斛，愁结千丝也乎。然而佳人命短，例自天成；幼妇才长，名非地没。倘随草腐，臻百岁而奚荣；解咏叶飞，纵七龄而不朽。君宜作达，休伤儿女子之私情；仆愧无文，为表君夫人之懿范。

秋芙的生平大略如此，大部分在蒋坦的忆语中都有交代。直到现在，人们提到她，首先想到的便是《秋灯琐忆》，继而是林语堂评论的那句“最可爱的女人之一”。追溯秋芙三十六年的人生，她的品性诗才，值得大书特书。她不只是蒋坦故事里的女主角，也是浙派女词人的代表，诗词书画皆通，意趣高雅不凡，是独立的发光体。

2
天作之合

秋芙生于道光三年（1823），与蒋坦算是同龄。她出身于钱塘书香世家，取光灿美玉之意，得名“关锳”。秋芙幼时被识文知礼的祖母抚养，又受严父教化，饱读诗书，是弟妹五人的长姐，也是典范。

关家和蒋家是姑表亲，五岁那年元夕，秋芙随家人登门贺岁，与蒋坦钗帽相傍，俨然天作之合，一对佳儿佳妇。巢园花开时，大人们饮酒赏春，秋芙想把果脯带回去吃，却被调皮的蒋坦制止威胁，她哇哇大哭，让旁观者忍俊不禁。果然是一对欢喜冤家，亲事就这么定了。

按礼俗规矩，成婚前，男女是不可会面的。此后数年，秋芙与蒋坦都是近在咫尺，更似天涯。

出于种种原因，蒋家和关家免不了往来走动。许多次擦肩而过，不是蒋坦没留意，就是秋芙没发现。次次都来不及细瞧，只能远远观望，或是回味猜测。

十岁那年新岁，秋芙随丫鬟出门，在门口遇到一位小公子，正是前来拜访岳丈的蒋坦。

十二岁那年，闹市之中，秋芙坐在车里，悄悄拉开帘子。车外的少年一回首，两人对望着，似乎是旧相识。那个少年郎，便是蒋坦。

二十岁那年冬日，秋芙戴着貂茸帽，站在庭中梅花树下。少女已长成，才华展露，有“雪压层檐重，风欺半臂单”等佳句流传。刚进院的蒋坦想去寻她，但听银钩响，她已经不见了踪影。

蒋坦中了秀才，前往关家拜谒。有功名傍身，关家岳丈终于肯将女儿嫁出去了。道光二十三年（1843），秋芙二十一岁。这年七夕，她与蒋坦成婚。

剪灯相见，秋芙“非复旧时丰满矣”，是多愁多病所致。整个少年时期，他们各自成长，都因悟性超凡，才思敏锐，各自孤独。花烛夜的正式相见，是一场相逢恨晚的会晤。

夜半难眠，二人时常聊到天明。秋灯索笑，帐中蚊起，墙上是秋芙抚琴月下的画像。从元稹的诗词，到《述异记》里的传说，他们无话不谈。

《秋灯琐忆》中记录，秋芙曾说："人生百年，梦寐居半，愁病居半，襁褓垂老之日又居半；所仅存者，十之一二耳。况我辈蒲柳之质，犹未必百年者乎！"悲观且通达。智慧悟性，以及对苦难的洞察力，成就了卓尔不群的关秋芙。从"庄前种竹数弓"到"种了芭蕉，又怨芭蕉"，在这对夫妻眼里，一草一木一世界，处处含情。

桃花为风雨所摧，零落池上，秋芙拾花瓣砌字，作《谒金门》：

春过半，花命也如春短。一夜落红吹渐满，风狂春不管。

"春"字未成，东风骤来，飘散满地，秋芙怅然。当真是"风狂春不管"了。

梁上的燕巢坠地，秋芙连忙抱起雏燕，将燕巢加固。第二年，燕子绕屋啁啾，仿佛是在感念这位救命恩人。

叹明灭荣枯，惜万物有灵，她苦求天道，面朝神明。

秋芙崇佛，持长斋，熟诵《楞严经》《法华经》上千卷，又在巢园里设了座斋堂，名为"扪香阁"。每五更，便起跪诵经，不时有嗟叹哀泣声传来。蒋坦亦为之所动，与她共持修行心，出离人间苦。

秋芙终生无子女，因为身子孱弱，且志在红尘外，所以力劝蒋坦纳妾续弦。据说，蒋坦之子是妾室所出，他与秋芙的夫妻关系，是摆脱了封建家庭模板的“韵友”，在琴棋书画、梵音山水的“乌托邦”里，消化生活的困顿。

3

琴棋书画

《秋灯琐忆》记录，秋芙师从魏滋伯、吴黟山，书法大有长进。可惜病后视力不行，不能常事笔墨。但偶尔提笔写些字，仍是秀媚可人的。

至于琴技，蒋坦帮了不少忙。“秋芙之琴，半出余授。入秋以来，因病废辍。”病体好转些后，秋芙的指法有些生疏，蒋坦便帮她温习，弹奏于夕阳红半楼上。

而后，秋芙的琴声，便时常回荡在夫君的追忆中。

那日暴风骤雨，秋芙随蒋坦去了理安寺，衣袖都湿了。到了石屋洞，洞中乱石排拱，俨然几案。秋芙将琴放在上面，弹奏《平沙落雁》。归云滃然，涧水互答，此时相对，两人竟忘却了身在尘世。

还有一次，秋月正佳，秋芙让小丫鬟背着琴，放舟于两湖荷芰之间。蒋坦刚从西溪回家，见秋芙不在，遂乘瓜皮小舟，与秋芙相遇于苏堤第二桥下。秋芙作《汉宫秋怨》曲，蒋坦为她披上衣服，在旁边静静地听着。当时四山沉烟，星月在水，琤玐杂鸣，不知天风声环佩声。

每一门技艺，都不为附庸风雅而习。秋芙的琴音，是同天地自然的对话。

“秋芙喜绘牡丹，而下笔颇自矜重。嗣从老友杨渚白游，活色生香，遂入南田之室。”也许是太过于自然随性，秋芙抚琴绘画颇具天资，下棋博弈却没有耐心，经常败给蒋坦。逼急了，直接放狗搅乱棋局。被蒋坦揶揄后，就再也不下棋了。

秋芙不爱胭脂首饰，穿戴简单朴素，要么是蝴蝶发饰，要么是素馨花发簪，有时索性插梅入鬓，这样清淡的女子，最宝贵的私藏是吴黟山赠她的书尺。

“镜槛书床，可想文采”，最令蒋坦叹服的，是秋芙的文才，联诗和词从来没输过。秋芙曾为高僧画作题诗：

空到色香何有相，若离文字岂能禅。

生花妙笔，拍案惊奇。

秋芙的文学创作，与蒋坦密不可分。他们联吟唱和，也为彼此抄录、校刊、题词，是真正意义上的“比翼连枝”。蒋坦初刊诗集《红心草》，秋芙亲笔题词，饱含对蒋坦文才的欣赏，以及两人同甘苦、共命运的恩爱缱绻。

评花问字太依依，瘦到秋腰又几围。
绿梦未醒蕉叶幻，红颜甘让牡丹肥。
明知庚易归田决，曾劝秦嘉就禄非。
为买绣丝还贳酒，不辞典尽嫁时衣。

瑶台一誓意缠绵，便是红尘小谪年。
阿难夫妻曾夙世，葛洪家世共升仙，
寿杯同进高堂菊，大药新收火宅莲。
今日阴池阳鼎在，好凭反复过三田。

兰釭摇焰隐窗虚，锦片才华羡不如。
螺黛绿干张敞笔，蜡花红拥宋祁书。
莲台此去长依佛，栗里何年许挽车。
闻说蓬莱山可望，白云鸡犬有人居。

频摹粉本写丹铅，描就眉愁独自怜。
旁蕴早成归隐计，百年犹有卖薪钱。

凤凰宝瑟同心语，蝴蝶花房一梦缘。
昨夜楼头同乞巧，炉香影里记扶肩。

4
闺阁诗话

在明清之前，从事文学创作的女性，只有班昭、李清照等个例，屈指可数。自明末万历年间，传统的礼教约束逐渐松绑，女性作家群体逐步形成；到了清朝，满族统治者带来了新鲜的妇女观，在一定程度上促进了女性意识的觉醒。一些满族上层女性，组织编纂并出版了女性诗集，也在一定程度上鼓励了女性进行文学创作，“女学昌明，闺彦淑媛，莫不狭册吟咏。颇有能蜚声词台，与须眉相颉颃”。

清代最显著的女性文学创作现象莫过于结社，也就是如今常说的“平台”“圈子”。通过结社，女性的创作能力得以充分展现，知名度也随着社交活动得到提升。清初的女性社团以“蕉园诗社”最为著名，它是历史上首个有正式名号和诗社启事的组织，不仅彰显了女性对于文学的自觉追求，也为之后的诗社结盟树立了标杆。陈文述云：“何处蕉园遗旧址，绿天庵外不胜寒。”蕉园诗社由顾之琼发起，前有“蕉园七子”，后有“蕉园五子”，分别为诗社前后两个时期的代表人物，成员多与顾之琼有或远或近的亲戚关系，如女儿、侄女、儿媳、妯娌，代表人物有徐灿、林以宁、朱柔则、冯娴等。在历代两浙词人的纪念祠堂里，这些闺阁女诗人的名字也在其中。

道光年间，在西溪、西湖一带，以秋芙为代表的新一代女诗人渐渐崛起。《秋灯琐忆》中云：“同里沈湘涛夫人与秋芙友善，赠以所著诗词属为删校。”

从蒋、关现存的其他遗作中，可窥见秋芙等才女频繁的社交活动。其中，还有数次被提及的沈善宝（字湘佩）。

珍重东风第一枝，清香天赋岂无知。
赏心官阁人重到，点额深宫梦未知。
白石词仙翻旧墙，青邱居士赋新诗。
相逢一笑唯疏放，恰好尖叉斗韵时。
——沈湘佩《和谦小榆太史梅花八咏（其八）》

沈湘佩，是清朝后期较有影响力的女作家，也是陈文述的弟子，年长蒋、关十三岁，有《鸿雪楼诗选初集》《鸿雪楼词》及《名媛诗话》传世。她一生颠沛周折，走南闯北，从苏杭到京都，广结四方的文坛名媛，其人身自由与思想自由，也显露出女性觉醒的微光。

关锳对沈湘佩欣赏倾慕，但她们是截然不同的两类人。沈湘佩文风豪迈，有须眉之气，二十一岁就写下“放开眼界山川小，付与文章笔墨狂”之句，关锳不禁感慨“早岁闻君名，泰山不可望”。短暂交集后，沈湘佩再度启程。

早岁闻君名，泰山不可望。悠悠万里桥，相隔如参商。

去年驾扁舟，访我来钱塘。相知未相识，触目惊琳琅。

扫我落花径，坐我匡壁床。呼童汲新水，竹炉煮芽枪。

荒郊无所有，未敢罗酒浆。约游金牛湖，湖为西子妆。

买舟听水亭，急呼邯郸倡。裙边两蛱蝶，钗头双凤凰。

婷娉惜不嫁，感慨歌浔阳。清声发林越，使我心悲伤。

泊舟孤山下，绿柳垂千行。日落西山西，骊歌促归艎。

问君何所之，所期在帝乡。三月长安道，

芍药丰台香。

天谁不可即，一日如三霜。我乃可怜虫，思子九回肠。

夜来不成寐，唯见明月光。何时生羽翼，与子同翱翔。

——关锳《寄怀沈湘佩》

秋芙的另一位闺阁诗友，是更为年长的吴藻。吴藻，字苹香，据说她嫁给了不通诗文的丝绸商人，婚姻不谐，现存作品中无一字提及丈夫。吴藻有野心、有梦想，她不甘受困于传统女性琐碎的日常，于是结交了秋芙这样的文艺女青年，介入了更广阔的社交空间，大展才华，如鱼得水。

雪泥鸿爪记前尘，千载归来彩笔新。
诗酒未忘京国梦，湖山不改胡园春。
相亲绮席人如玉，联步芳堤草似茵。
落落晨星三两点，一尊长感去来因。

——吴藻《己酉春杪湘佩来杭招集湖舫即席次玉士韵》

“清代闺秀之工填词者，清初推徐湘苹，嘉道间推顾太清、吴苹香。”——吴藻擅用双性笔法，柔和与刚健并存，平时甚至扮男装逛青楼。这种性别的错位与分裂，有人说是为了弥补婚恋的遗憾，有人说是男权社会压抑下的愤懑反击，也有人说是艺术家的“不疯魔，不成活”，更有人揣测她对自我的认知根本就是男子。在她传世的《饮酒读骚图曲》等作品中，均充斥着本性超越的意味。

道光二十九年（1849），秋芙同吴藻、沈湘佩及陈湘英等人聚集在杭州，探访古刹，唱和联诗。

姐妹们在烟柳水色中谈笑风生，想那画面也是极美的。她们的秉性脾气、成长经历、人生体悟天差地别，谁也变不成谁，谁也替不了谁，可这不妨碍她们彼此欣赏，互相慰藉。只恨韶光易逝，再相逢不知何时。

同治元年（1862）六月十一日，沈湘佩长逝于北京。辞世前夕，她与挚友顾太清有过深切的沟通，顾太清在《哭湘佩三妹》中有详尽记述：

谈心每恨隔重城，执手依依不愿行。
一语竟成今日谶，与君世世为弟兄。

诗后自注：

妹殁于同治元年六月十一日。余五月廿

九过访，妹忽言："姊之情何以报之？"余答言："姊妹之间何言报耶！愿来生吾二人仍如今生。"妹言："岂止来生，与君世世为弟兄！"余言："此盟订矣。"相去十日，竟悠然长往，能不痛哉！

同年，吴藻逝世。吴藻中年丧夫，移居僻静处，独守空斋多年，膝下无一男半女，孤苦余生。有人猜测，吴藻的死因同蒋坦一样，是在太平军围攻杭城后的冬日饿毙而死。

5
红颜薄命

朝出城西门，洞水鸣涓滑。水杨绿含踹，溪花红杂骈。

爱寻法喜寺，香雨生华缝。脱珠而掬土，稽首观音前。

穷子担粪者，面垢衣不全。牛车羊鹿车，种种欢喜丸。

昔以爱欲故，未漓火宅炎。今也思来归，

四尘俱弃捐。

愿以手护我，八苦永不缠。愿以眼见我，无使根尘牵。

一地至十地，三十有二天。常与诸有情，同登菩提禅。

观音大仁者，此誓应悯怜。此誓苟能应，七日瓶柳鲜。

夏雨自南来，衣上忽云雾。仆御请回驾，踟蹰下山去。

俄闻灵隐钟，隐隐出烟树。遂憩冷泉亭，苏公判牍处。

洞深白猿伏，林疏翠禽觑。是时四五月，岩花落无数。

余顾二子言，此山势腾翥。是名飞来峰，身毒所奔赴。

理若近荒诞，卒可憬然悟。昔闻众香国，维摩掌中住。

所以能然者，四大本空故。二子了不言，凭阑弄香絮。

天风下泠然，斜阳促归路。口诵啰哩诗，更请二子赋。

——关锳《同妹侣琼佩琪由天竺进香归憩冷泉亭上》

秋芙与侣琼、佩琪两位亲妹妹十分要好。

秋芙病时，在娘家住了六十多天，蒋坦和侣琼互相替班，日夜照料。蒋坦看在眼里，感叹侣琼的辛劳忘我，即便是出于姐妹情深，其“事必手亲”，不辞疲惫，也是常人无法做到的。

侣琼与姐姐和作过一词，词中写道：

零魂不肯轻销，无端瘦减侬腰。却又无愁无病，等闲过了今朝。

词风哀婉淡雅，与秋芙同气，足见姐妹心性相通。

另一位妹妹佩琪，性格静默无争，自言前世从上清宫来，有“林下风”。她卒于咸丰五年（1855）秋，秋芙悲痛不已，重病不愈。

纵然从年少时便伤春悲秋、洞悉生死，身边人故去时，仍躲不过情重之扰。

六年前，蒋坦兄嫂陈湘英不幸失子，蒋家沉浸在伤痛之中。陈湘英病了整整三年，不思饮食，形销骨立。而后，陈湘英移居巢园花韵轩，与秋芙日夜为伴。才过一个月，便病情加剧，最终不治而亡。

秋芙与陈湘英这对妯娌，亲密无间，感情颇深。陈湘英的突然离世，令秋芙一时间难以接受，每每整理旧物、回思前尘，都悲痛难抑，屡次提笔抒怀，发出“同是薄命人”的叹息。

十年为娣姒，于我独情亲。
不道同怀者，皆成薄命人。
无眠知病剧，不药为家贫。
今日营斋奠，悠悠恐未真。

来向巢园住，凉秋八月天。
相依才一月，此别竟重泉。
闻信浑忘痛，登床剧可怜。
为君检遗稿，能不泪涓涓。

君因伤子痛，三载病居床。
顿使眠餐减，非无药饵良。
遗裙犹在箧，残绣尚余筐。
何怪黄门鬓，星星渐有霜。

东海分襟日，西湖剪烛时。
早知成永诀，何苦便相离。
属纱谁堪托，依人事可知。
休嗟身后事，到此我何辞。

——关锳《哭从嫂陈湘英四首》

绿苔如霰染琴丝，仿佛巢园坐月时。
今日伤心无说处，桃花燕子尔应知。
琴床镜槛渐尘封，一盏蒲桃酒半浓。
知否阿侬还到此，画屏无睡听鸣钟。

花开时节记扶肩，已是龄摒病可怜。
忆得他生君有约，此言曾在木樨前。
去年曾记买鸳丝，乞我红罗绣折枝。
今日红罗无用处，为君写作断肠诗。

——关锳《过花韵轩有怀亡嫂陈湘英》

一场场诀别，终究要轮到自己。

6
繁芜皆空

秋芙一生，灾病不断，坎坷多磨。

婚后三年内，夫君蒋坦就大病了两回。死里逃生后，又遭逢水灾，紧接着蒋坦丧父，再度抱病。秋芙衣不解带地服侍，经不起劳顿，紧跟着也病了三场。每逢深秋，秋芙都会咳嗽，不把枕头垫高，几乎无法安眠。

恍恍惚惚十年过去，蒋坦科考再度落第。娘家的不平，困扰着秋芙。而后，妯娌姐妹又相继病逝，秋芙每每稍有好转，即遭噩耗打击。

“秋芙生负情癖，病中尤为缠缚。”重病时，秋芙总惦记着要见蒋坦，见了面又不发一语。侣琼问及缘由，秋芙说害怕自己随时会咽气，不能再看他最后一眼。

修佛多年，还是做不到四大皆空。手中梧桐花，放下正自不易。

才识出众的女子，得一知己已属难得，何况是相映相照的夫君呢。她从来不畏贫穷清苦，不好名利虚荣，只怕满腹心事无人能懂，只怕秋月春花无人共鉴。她看似超然不凡，常在孤僻处遥望人间，实则过于柔软，越看透，就越泥足深陷。

咸丰七年（1857），秋芙在绍兴母家咽了气，关于遗言，未寻到只言片语，如落叶无声，坠地化尘。

蒋坦悲叹地写道：

毕竟聪明能损福，可知闺阁不宜才。

明、清两代，才女薄命一说广为流布。有研究报告称，死于四十岁以下的占比极大，“因才早夭”是个难解的命题。她们在短暂的花期里，盛放着独有的气质色彩，有的浓烈招摇，有的恬淡低调。秋芙，就是蒋坦说的绿萼，不争，不艳，融于郁翠，清雅出尘。

秋芙是立体多面的，她通达又较真，谨慎又自在；她也是模糊的，三十六年的凡尘岁月，只有一首首诗作、一则则忆语，给人无尽遐想。

她曾在蒋坦夜半吟诗时哭花了粉妆，问夫君为何惹人心伤。

她曾与蒋坦同游旧时贡院，坐在蒋坦曾经读书的位子上，叹息说：“惜此身不是男儿，未能与君等下一死战。”

还有。

很久很久以前的那个冬天，她青春正好，头戴貂茸帽，站在院里的梅树下。

十多年前，两鬓未染霜，何时能见少年郎？

一声银钩响，未来的夫君就在身后。她一惊，笑着逃开了。

◆◆◇ 年谱汇编

注：以蒋坦生平为线

◆ 道光三年癸未（1823），一岁

《花天月地吟·蒋焜跋》：“壬午初秋二日，吾父七十有九寿辰，明年秋为吾父耋之庆，三日子坦生。”

初秋三日，蒋坦出生，在家族同辈中排行第三。

祖父名不详，据说曾在广东为官从政。

父蒋焜，字书奴，筑槐眉山庄于西溪一带。

嫡母俞氏，继母鲍氏、徐氏，姨娘（父侧室）楼氏。

生母（父侧室）为汪玉仙。

◆ **道光四年甲申（1824），两岁**

继母卒，生母汪玉仙被续为正妻。

◆ **道光七年丁亥（1827），五岁**

正月十五，秋芙跟随其父到蒋家贺岁，幼年蒋、关被称许为“俨然佳儿佳妇”。

数月后，巢园设宴，秋芙随父来，以俞霞轩为媒，聘定婚约。

蒋坦入小学，师从盐官俞霞轩，“生秉异质，数行俱下”。

◆ **道光九年己丑（1829），七岁**

始学韵语，即开始学习诗词创作。

◆ **道光十一年辛卯（1831），九岁**

据《溪山游识》载，秋，侍父蒋焜与俞霞轩、张情斋、徐寿鱼、应笠湖、端木鹤田等游西溪长桥。

◆ **道光十二年壬辰（1832），十岁**

新年，前往关家拜访岳丈。

春，黄燮清于杭州设馆授徒，蒋坦从之读书问学。

◆ **道光十三年癸巳（1833），十一岁**

县考临近，岳丈召集同人会文，意在察婿，置酒后堂，坦列末座。

◆ **道光十四年甲午（1834），十二岁**

在市集上，忽闻车轮声，车中关锁卷帘，两人偶遇。

从舅父鲍为霖学制艺，即应试要求的八股文。

◆ **道光二十二年壬寅（1842），二十岁**

十二月，初举秀才。

奉父命拜谒岳丈，庭遇秋芙，立蜜梅花下，闻银钩响动而逃开。

◆ **道光二十三年癸卯（1843），二十一岁**

夏，生母汪氏卒。

七夕，与关锁成亲。

◆ **道光二十四年甲辰（1844），二十二岁**

夫妇二人移居西湖巢园。

春，召集诸同人好友，探花酌酒赏心。因友人赠《西湖二十景》，遂咏《西湖杂诗》百首。

五月，撰《花天月地吟》诗集，父蒋焜为诗集作跋，兄宾梅与陈文述为诗集作序。

秋，同人招游西湖，夜深为风露所欺。次日，于吴山笙鹤楼饮酒，因寒气侵体，回家后发烧重病，通过服用扶乩时提供的药方，始获再生。

赴曹娥江游玩。

◆ **道光二十五年乙巳（1845），二十三岁**

瑶花仙史降坛，为《花天月地吟》作序。

初刊《花天月地吟》八卷。

秋，蒋坦、秋芙访西溪华坞丶丶斋，求禅问道。

冬，残雪放晴，与秋芙游西溪永兴寺，登二雪堂，溪上寻炙背鱼、翦尾螺等胜迹。次日，又访西溪交芦、秋雪等庵，在交芦庵索题《交芦雅集图卷》。

◆ **道光二十六年丙午（1846），二十四岁**

移居城东仓巷。

初夏，访理安寺谦谷道人释真默。

疽发背间，又患疟疾，正临秋试，抱病登车赶考，未及试院，已神志不清，月余病情方好转。

◆ **道光二十七年丁未（1847），二十五岁**

从蒋氏大家庭分出，居西子湖畔，每月靠父支取数十金生活费为生。

秋芙为蒋坦《红心草》题词。

四月，释真默为蒋坦《红心草》作序。

秋七月，长白余庆为《红心草》作序。

孟冬，汀州伊念曾为《红心草》作序。

冬十月，魏谦升为《红心草》作序。

伊少沂北行，设宴饯于草堂，与李山樵、吴康甫、吴乙杉等二十余人席间狂饮疾呼，痛饮一宵，尽诗酒之兴。其间唤酒未应，乃知秋芙脱玉钏典当买酒。

◆ **道光二十八年戊申（1848），二十六岁**

秋，蒋坦寄秋芙七言诗一首，此稿遗佚十年，枕上忽忆，命笔重书。

蒋坦所著《樊树山房游仙三百首诗注》开雕，并作《自序》，秋芙及众友题词。

◆ **道光二十九年己酉（1849），二十七岁**

父亲蒋焜去世。

初夏，蒋坦所居草堂积水成泽国，半颠因此以书相招，蒋、关借居葛岭园招贤寺，常与之谈禅。

游湖州苕溪，与费丹旭同寓榆荫楼。又患恶性痢疾，卧床三月之久，疼痛难忍。秋芙衣不解带，病中服侍，因而劳累过度，亦病了三场。

著《百合词》，有两个版本，单行本后附《纪游词》三十阕。

秋，蒋坦辑《闺雅》二十八卷，如今存残本八卷。

九月，丹徒严保庸为秋芙《三十六芙蓉馆诗存》作序。

◆ **道光三十年庚戌（1850），二十八岁**

初夏，秋芙卧病巢园，冬末始愈。

仲秋，所居巢园楹帖为风雨所剥，修葺既成，请莲卿撰秋亭、迎晓楼楹联。

◆ **咸丰元年辛亥（1851），二十九岁**

三月，秋芙于巢园扶鸾，瑶花仙史赋《双红豆词》。

◆ **咸丰二年壬子（1852），三十岁**

初版《秋灯琐忆》开雕，以纪念二人成婚十年。

科举落第。

八月，兄嫂陈湘英死于巢园。

◆ 咸丰三年癸丑（1853），三十一岁

据《西湖杂诗》记录，永兴任熊为蒋坦画小像。

春暮，永兴丁文蔚为蒋坦小像题词。

生一子，据说是妾室所出。

◆ 咸丰四年甲寅（1854），三十二岁

四月，孟森为蒋坦《夕阳红半楼诗剩稿》作跋。

其师黄燮清年五十居家，为蒋坦绘《秋林著书图》。

谭献为蒋坦《百合词》校定。

秋，蒋坦游武原（浙江海宁武原镇）。

◆ 咸丰五年乙卯（1855），三十三岁

与秋芙游贡院。秋芙坐蒋坦旧时舍号，叹息曰：“惜此身不是男儿，未能与君等下一死战。”

八月十八日，蒋坦同师黄燮清、黄梅汝、慈溪王秋生、王珠垣、王广文游西湖净慈寺、石屋洞、烟霞寺、理安寺、虎跑等名胜古迹。

八月十九日至二十九日，与丁文蔚诸人先后游西溪花坞、永兴寺、洞霄宫。

十月，妻妹佩琪病亡，秋芙一病不起。

著《溪山游识》一卷，附《溪山唱和诗》一卷，有永兴丁氏碧山馆藏版。

◆ **咸丰六年丙辰（1856），三十四岁**

丁文蔚为蒋坦《溪山游识》作序。

◆ **咸丰七年丁巳（1857），三十五岁**

据《愁鸾集》记，元旦，蒋坦夜梦头发无故尽落，自知征兆不祥。

正月二十一日，秋芙卒于绍兴娘家，年三十有六。

妻亡故后三日，蒋坦设灵于家祭奠。

五月一日，秋芙百日忌辰，蒋坦赋诗焚寄。

八月，周可宗绘《秋芙夫人写经图》。

山阴秦云为秋芙夫人遗像题词。

秋八月，蒋坦开雕秋芙遗作《三十六芙蓉馆诗存》。

◆ **咸丰八年戊午（1858），三十六岁**

冬，马芸台访蒋坦，见其“困顿之色溢于眉睫，镇日以阿芙蓉自娱，一灯之下，诗稿满焉，不事修饰，虱缘于须，左右有唾之者”。

夏，为黄燮清《倚晴楼诗集》撰后序。

◆ **咸丰九年己未（1859），三十七岁**

秋，王景曾应试于杭，寄住蒋坦宅，陈继聪访之辄留饮。

王景曾赞誉陈继聪古文造诣，蒋坦遂以《秋灯琐忆》与秋芙词稿相赠，托其撰《关孺人传》。

秋，马芸台再访蒋坦于巢园，蒋坦生活落魄不堪。

◆ 咸丰十年庚申（1860），三十八岁

三月，太平军攻克杭州城，蒋坦携子妾家人赴慈溪，投奔王景曾家。

四月，避乱慈溪黄山，作《黄山小志》。

◆ 咸丰十一年辛酉（1861），三十九岁

蒋坦自慈溪归杭，惊闻好友王景曾大醉得疾。

四月，王景曾卒，享年四十岁。

九月起，太平军再攻杭州，蒋坦全家被困。

◆ 同治元年壬戌（1862），四十岁

蒋坦被困杭城二月有余，“因厨绝炊烟，全家骨肉，相继僵毙，是冬城再破，而君亦以冻饿而死矣，年约四十”。

◆◆◇ 蒋坦诗选

注：摘自《愁鸾集》

悼亡八十首（选十二首）

其一

凉月空斋不化烟，鳏鱼泪尽未成眠。
伤心谁复知元九，贫贱夫妻十五年。

其二

瓜果星筵七夕秋，定情人在曝衣楼。
渡河花里空肠断，冷卧银屏看女牛。

其三

岁晚移家住翠微，玉莲亭畔有柴扉。

画船载酒苏堤上，六见杨花渡口飞。

其四

端溪小砚紫花腴，写向茶香酒熟余。
输与玉台成一派，杨渊花鸟魏收书。

其五

西偃桥边记吃茶，茆墙初放马缨花。
而今松柏桥西路，不见归来缓缓车。

其六

镜里眉峰冷黛螺，同生一誓究如何。
沧桑纵说须臾事，犹恨浮生岁月多。

其七

黯黯秋阴蛾螺楼，也曾私语笑牵牛。
而今钿盒成何物，寂寞荒山土一丘。

其八

因缘一似风中絮，聚散真如岭上云。
三十六峰秋雨后，不知何处哭湘君。

其九

七日钟鱼佛火微，茅檐阴雨纸灰飞。

俸钱十万吾何有，依旧开箱典汝衣。

其十

粉壁遗容浅护纱，胆瓶新供一茎花。
痴儿未见麻衣惯，只是喃喃问阿爷。

其十一

贫无一物贳湘醽，地下应能谅我情。
此是故园新麦饭，替卿撩草做清明。

其十二

此后行踪未可凭，寄书为我谢良朋。
相思岭下花千树，记取无妻有发僧。

悼亡又八首（选四首）

其一

忆聘云英十载余，樱桃花里有楼居。
文章妙悟兼通佛，井灶余闲代掌书。
八口饥寒才足御，一家纨绔习先除。
当时王谢曾同宅，未要花开等钿车。

其二

锦带桥边有草堂，六年烟柳系人肠。
略经游览诗俱壮，绝不矜严体自庄。
甲帐记曾同写韵，罗衣从不暂熏香。
河东门第清华甚，自嫁黔娄尽改常。

其三

何处逢春不可怜，采芝人去月如烟。
已无骨肉余身外，不信因缘尽眼前。
根浅自知难造福，情痴唯有望生天。
梅花风雨收灯后，记取昙阳入道年。

其四

旧日窗栊久不开，重重鱼钥锁苍苔。
事从闲处思尤痛，人到中年乐亦哀。
毕竟聪明能损福，可知闺阁不宜才。
玉箫锦瑟依然在，无奈春心百念灰。

书《三十六芙蓉馆诗存》后（六首）

其一

明湖秋七月，忆汝入门时。
未散瓜花会，同为茉莉诗。
谐声辨灯盏，相感等针磁。
似我殊顽钝，闺房愧尔师。

其二

君之曾大母，咏絮具高才。
力任千钧上，诗能七子该。
一从伤破镜，所赋有余哀。
幸得雏皇起，清声继玉台。

其三

六载西湖长，诗如落叶添。
波澜能独创，毫发必从严。
老境豪而细，禅心脱不黏。
居然温李派，能以一身兼。

其四

二沈金闺彦，为君耐久朋。
才情斗春茗，健语落秋灯。

在手无烦铁，如材一正绳。
近来工赋物，尤让令晖能。

其五

可惜才名盛，难辞众论苛。
都疑谢庭咏，出自婿才多。
当世真皮相，斯人自不磨。
只看机上字，岂让窦连波。

其六

传有幸不幸，能传亦偶然。
生难得一饱，名岂到穷泉。
逝者日以远，生人殊可怜。
挑灯展遗卷，不觉泪涓涓。

◆◆◇ 梦影楼词

注：咸丰七年（1857）刻本

余学道十年，绮语之戒，誓不堕入。于归后，为蔼卿牵率，卒蹈故辙，然闺房倡酬得亦旋弃，自交沈湘佩、湘涛诸君，笺筒往来，人始知。余词者，迩来篇章较多，蔼卿为存数十首，梓行之尘世间，于是知有《梦影楼词》矣。噫！一念之妄，坠身文海，《梦影楼词》岂久住五浊恶世者，譬如鸣蜩嘒嘒，槐柳秋霜，既零遗蜕，岂惜白云溶溶。余其去缑山笙鹤间乎，文字赘疣耳，蔼卿盖亦弃此而从我游也。

咸丰四年，甲寅六月妙妙道人关锳书

菩萨蛮

绿窗风雨苔生满，一春梦比天还短。酒醒又梳头，夕阳才上楼。

旧愁销不去，搁在双眉宇。莫道铁为肠，铁肠今也伤。

洞仙歌·寄怀蔼卿越中

自君别后，便藕花红槁，露坠莲房尽丁倒。况半阴不雨，渐短秋天，料此际、晚饭柁楼应早。

罗帏才病起，未寄棉衣，昨夜君边可寒到。时节又重阳，斗酒双萸，盼乌榜、归来正好。怕明日、关山雪霜多，便欲寄音书，雁鱼都少。

惜余春慢·饯春，同魏滋伯（谦升）文作

杏燕修巢，柳莺撤户，春事十分完九。昏昏心上，怕雨思晴，髻也不曾梳就。才得湘帘半掀，便道西园，鼠姑闲开久。剩野塘风紧，晚来吹荡，落花红皱。

曾记向、陌上春游，调莺扑蝶，携得双鬟柑酒。因循几日，脂憔粉悴，红得夕阳都瘦。无计留春不归，但把海棠，折来盈手。教侍儿知道，这回春色，零星还有。

金缕曲·答沈湘涛

梦想今三载。忽传来、芙蓉笺纸，新词十赉。一样红颜漂泊感，盐米光阴无奈。好珍重、玉台诗派。明月绛纱春风里，看金钗、尽下门生拜。浮大白，为君快。

相逢各有因缘在。算人生、才能妨命，病愁何怪。只惜聪明长自误，身世漂流文海。况愁里、朱颜易改。不见花间双蝶舞，但多情、既是升仙碍。知我者，定能解。

迈陂塘 · 再答沈湘涛

又传来、妙香笺纸，空床病为君起。始知锯了多时木，锯义元如木义。水漏矣，却不道、如今水桶才通底。一圈儿地，怕归去灵山，问伊迦叶，也只笑而已。

浮生梦，镂影吹尘何异。炊沙岂许作米。关心腊月当三十，寻个散场欢喜。君悟未，君不见、青莲火里何曾死。此中关棙，便楼阁重重，也能开得，不信谁弹指。

梅子黄时雨 · 雨夜联句

云漏斜阳，放帘额半晴，旋又吹黑。（坦）听两点三声，屋檐余滴。（锳）半堕杨花吹又起，东风摇曳如怜惜。（坦）任蛛丝、空际嚬珠，欲网无力。（锳）

凄绝。西园陈迹。（坦）有阴苔凑绿，新韭肥碧。（锳）念剪烛西窗，晤言何日。（坦）满院烟芜催暝早，隔灯听响荒街屐。（锳）思今夕、万一故人来得。（坦）

迈陂塘·西溪看芦同蔼卿

看溪山、一十八里，秋容瘦削如许。粼粼漾漾平陂水，摇荡白苹花雨。天欲暮。任今夜、乌蓬随水随风去，芦花浅溆。只第一防它，眠鸥飞起，又闹半汀絮。

人间事，从古浮名无据。百年难得萍聚。青蓑何似归休也，料理钓筒渔具。溪尽处。便不用、扁舟也算浮家住。柴门河渚。纵不种蒹葭，也堪约略，种带水杨树。

念奴娇·雪后招同沈湘佩（善宝）、鲍玉士（靓）、周暖姝（来音）、李佩秋（湘纫）、陈湘英（云仙），集巢园妙吉祥室

朔风催暝，看寒鸦点点，翻啄晴雪。一片彤云西北去，吹得夕阳明灭。瓶水胶花，溪云沍影，灯火柴门绝。围炉人聚，旧情同画灰说。

只惜纸阁敲茶，明灯炙墨，我辈欢难得。明日灞桥驴背上，又是一番离别。如此征程，无多旧雨，怎不添华发。樽前且醉，柳枝还为君折。

高阳台·送沈湘佩入都

泪雨飘愁，酒潮流梦，惜花人又长征。见说兰桡，前头已泊旗亭。垂杨原是伤心树，怎怪它，踠地青青。向天涯，一样缠绵，各自飘零。

开筵且莫频催酒，便一杯饮了，愁极还醒。且住春帆，听依细数邮程。压船烟柳乌篷重，到江南，应近清明。怕红窗，风雨潇潇，一路须稳。

洞仙歌·题横山草堂图

茅堂十笏，在晚山深处，门外萧萧水杨树。盼琅玕多少，一半云栖，留一半、人与燕儿同住。

依家溪上屋，帘榭中间，也有青山乱无数。溪水半通桥，著个蜻蜓，还容得、竹床茶具。只可惜、秋风起芦花，把如此烟波，让伊鸥鹭。

台城路·题藕花香里填词图

露蝉声里凉生早，栏杆绕花红整。听竹敲秋，因苔划句，忘了蓬窗灯冷。眠鸥梦醒，正放鸭桥边，一丝风定。环佩来耶，珊珊疑有水仙听。

年来我亦愁病，吟朋萍散了，闲却游兴。鸥社盟秋，凫灯梦雨，只有一襟秋剩。丝丝瘦影，怕照见湖波，鬓儿难称。独写相思，露塘风又紧。

水龙吟·落叶

西风一夜吹霜，千峰尽出荒林杪。萧萧摵摵，如愁渐积，有多无少。煮酒园荒，题诗石瘦，画栏斜靠。念荒寒如此，休伤摇落，也还算、归根早。

莫说悲秋词稿，自新来、被愁分了。哀鸿未过，凉蝉欲断，可堪怀抱。聚点敲窗，碎声做雨，夜深谁扫。剩乱山深处，夕阳疏柳，有残鸦噪。

菩萨蛮·严问樵（保庸）索题姬人背髻小影

玉钗交影银屏叠，夕阳移上鬟云湿。斜立小阑干，粉花红半圈。

青螺三角小，点点春幡袅。行近问鹦哥，前头曾见么？

百字令·题湘涛冷月轩诗卷

桂堂西畔，忆月斜时节，寒深箫局。照见屏风三两扇，斜靠春人如玉。嚼雪吹香，移宫变徵，刻尽琅玕竹。天寒翠袖，何人念尔幽独。

何况慧性兰芬，灵心藕细，生就聪明福。一种永明诗体好，绛帐才名听熟。羞我葫芦，年年纸上，样子描都俗。心香一瓣，玉台愿为君祝。

蝶恋花

几日池塘云不住。柳也濛濛，想做清明雨。半塌茶烟和梦煮，画屏几点江南树。

欲卷珠帘风不许。如此黄昏，休去移筝柱。楼上晚山青不去，夕阳正在鸦啼处。

谒金门

风弄叶，筛碎半帘秋色。明月乱移钗上蝶，画屏人影叠。

满地落花如雪，凉皱几重裙褶。如此长宵灯也灭，听伊心上说。

柳梢青·题画

江阔云平，绿帆低处，浅水桥横。画角斜阳，乱山堆里，隐隐孤城。

芦花潮落江程，看几点、寒鸦暮晴。一夜西风，残荷败柳，都做秋声。

百字令·晚秋湖上

当初湖上，记春风载酒，行吟兰楫。一棹水云空阔里，随意狂歌散发。就柳停舟，寻梅选梦，衣浣孤山雪。十年而后，胜游多半消歇。

如今重到湖干，荒寒台榭，杨柳风吹折。吹笛双鬟人去矣，闲了半湖烟月。冷露凄猿，荒云葬鹤，风走虚廊叶。伤心谁问，寒蛩除是能说。

高阳台 · 夕阳

断雁飘愁，盘鸦聚暝，一鞭残梦归鞍。酒醒邮程，岭云垅树漫漫。渡江几点归帆影，近荒林、一带枫斑。最难堪，第一峰前，立马斜看。

而今休说乡关路，剩濛濛野水，瘦柳渔湾。短帽西风，古今无此荒寒。芦笳声里旌旗起，问当年、谁姓江山。有悠悠、几处牛羊，短笛吹还。

蝶恋花 · 题无人庭院图

几个黄昏风雨恶。闹得苔纹，绿满阑干角。薄日薰衣春气弱，小楼帘卷风翻却。

春到红桃才破萼。天做余寒，又替花耽搁。燕子归来全不觉，隔墙乱踏金铃索。

卜算子 · 秋海棠

一雨暖凉生，花满斜阳外。休说啼痕几点儿，也有风吹散。

行近粉墙阴，挼手和烟采。偏又花名唤断肠，不敢将伊戴。

南楼令·题张诗舲（祥河）词集

春水绿吴舲，江湖听雨程。二十年、梦醒银灯。又是江南梅子熟，有几点、打窗声。

残月冷如冰，愁人心上明。一丝丝、泪写吴绫。门外绿杨风正起，休念与、落花听。

减兰·题扶病刺花图，为黄古渔（玉琨）悼亡作

恹恹灯火，和合窗边人一个。风袅炉烟，不见工夫有线添。

日长思寝，梦也凭空能作忏。悔把鸳丝，不绣连枝绣折枝。

金缕曲·题汪玉卿（叔娟）昙花词后

不道花朝雨。便匆匆、几番催了，杜兰香去。六扇文纱窗格子，曾忆旧题诗处。看几阵、东风花絮。堆满红楼人不管。只一双，燕子还来住。尘世事、总无据。

妆台闻说全无主。只粉笺、些儿留得，断肠词句。病骨黄花人比瘦，却合秋声廿五。念侬也、悲秋情绪。蘋样行踪花样命。未拈毫、便有离愁聚。乍做得、玉台序。

百字令·送蔼卿之毗陵

一肩行李，怪黄头抵死，匆匆催发。一角斜阳亭堠树，几阵晚潮流急。画舫迟灯，金尊醉晚，到此真须别。开帆行矣，归期还是休说。

唯念泥枕支鬟，明灯索笑，惯了闲时节。见说鸳鸯湖上柳，犹有未销残雪。第一休忘，题诗双管，更冒春寒捡，欲知相忆，天涯应有明月。

祝英台近

绣屏深，罗帐薄，春到酒醒处。长日眉头，少也皱千度。可堪一点春愁，分攒替结，全不见、镜儿分去。

正延伫，见说昨夜东风，草也绿如许。钗拨青苔，不为断肠句。一朝一数归程，横山直水。但细把、栏杆划做。

生查子

侬家江上头，潮到门前住。一日两三回，不肯江南去。

江南有暮潮，未识潮生处。还去问梅花，它是江南树。

清平乐

画梁春浅，帘额风惊燕。不信天涯人不见，草也池塘生遍。

东风吹浅屏纱，飞飞多少杨花。何恠儿家夫婿，一春长不还家。

河传·七夕有怀蔼卿客中

七月。初七。病恹恹。楼上荼瓜上筵。别离似今头一年。天天。难将针线拈。

蓦记当初楼上坐。人两个。上了羊灯火。一更多。傍银河。问它。鹊儿曾见么?

南柯子

帘额因风蹙，钗痕带月交。红栏深院小芭蕉。任是有风无雨、也潇潇。

病久诗才减，心怪酒气摇。有情没绪把人撩。不到春归不把、绿杨饶。

长相思·仿独木桥体

爱湖西，住湖西。几点斜阳杨柳西，晚风吹过西。

怕东西，又东西。湖上残霞看已西，行人还要西。

忆江南

长相忆，最忆是江南。春水落花鸥梦阔，夕阳疏柳雁天宽。斜立各回看。

长相忆，正月十三时。记得去年今日事，半窗灯影两人儿。一个画乌丝。

长相忆，欲写锦书迟。几个伤心眠又减，一春无病瘦难医。欲说又瞒伊。

长相忆，心上数归鞍。一角荒城三点塔，半帆秋水四围山。划满碧阑干。

长相忆，对影自徘徊。安镜从无台不用，行船那见水分开。不信问瑶钗。

长相忆，相忆在河干。过尽归舟人不见，晚潮初落柳毵毵。何处望江南。

长亭怨慢

正楼上、乱山无数。点点垂杨，晚霞红处。一片孤帆，夕阳潮落晚鸦聚。一程程路，休去问、旗亭树。树肯管行人，不绿到、天涯住。

凝伫。望荒城十里，唯有乱云堆絮。元宵过也，怕还有、打灯风雨。得知它、归也不归，万一有、晚潮回去。且关了纱窗，今夜梦儿重做。

清平乐

燕帘风絮，几叠江南树。才起东风天又雨，冷了一春词句。

镜奁消瘦朱颜，鸾笺湘管都闲。只有未归残梦，画屏绕遍春山。

菩萨蛮·喜蔼卿自毗陵归

小楼昨夜东风骤。一春花事阑珊够。斜月绿窗低。梦回闻马嘶。

梨花明似雪。含笑开门说。昨夜结灯花。今朝真到家。

祝英台近·题天寒修竹图

露抽篁，风解箨，满地碧云皱。筍做吟鞋，不雨也凉透。可堪石上琅玕，旧题诗处，已点上、绿苔如绣。

满岩岫，已见落尽轻花，应是立秋后。那里柴门，门内有人否。料伊一样伤心，罗衣憔悴，也似我、暮寒时候。

卜算子·示蔼卿

难得望春来，君又留难住。到得君归没杏花，却又愁春去。

春去肯重来，花落还开否？到得明年有杏花，又要听春雨。

满庭芳·饯春

桂帐扃愁，兰釭翦梦，者番春病依然。落花飞絮，点点上琴弦。况是丝丝雨后，闲阶上、长满苔钱。瞢腾甚，十年影事，摇曳碎如烟。

韶华弹指逝，向炉香风影，细问情禅。怎轻轻过到，如此中年。手捻垂杨低问，东风里，说甚缠绵。斜阳近，寒鸦几点，团扇正栏杆。

买陂塘·同蔼卿校程去瑕广文（瑜）小红楼词即题后

怅飘零、江湖萍梗，津亭听断官鼓。堆盘苜宿清寒味，换了一生羁旅。官太苦。却还算、寒毡未困先生住。扁舟竟去。早一夜西风，莼鲈江上，归梦托鸥鹭。

平生泪，写入庾郎词赋。吟成何限凄楚。江东我亦填词手，难说浮名不误。君见否。已点点、清霜上了江潭树。鬓丝尔许。恐如此青山，毫丝哀竹，浑不抵迟暮。

高阳台·题双溪舴艋载愁图

桐墨题欢，蒲帆卷恨，匆匆催上吴舲。何处停桡，前头有座旗亭。绿蒙蒙地人家柳，忆当初、此地移筝。到如今、纸阁芦帘，记不分明。

人生但似江潮水，便两三枝桨，打也难分。已是离筵，休教酒又愁醒。湖天如梦低归雁，怕芦花、不算飘零。一程程、风起潮声，雨做秋声。

徵招·湖上感秋有怀湘佩、湘涛

入秋天气多风雨，幽怀更添凄楚。杨柳到西风，也飘零无主。蛾眉惊老去，争怪得、鬓丝如许。休去登临，乱山只在，晚蝉嘶处。

日暮翠衣单，清霜早、已上碧梧高树。独自倚阑干，念荒城砧杵，天涯谁共语。浑冷落、旧游俦侣。只除是，第二桥边，问那时鸥鹭。

菩萨蛮

晚烟漠漠帆如织。隔林几点疏灯出。一乌下苹洲。乱山相对愁。孤蓬团野色。到此归心极。烟水望中宽。替伊鸥鹭寒。

白苹多处人争渡。一痕青见西陵树。随意夕阳明。渡江闻雁声。凄凉人散后。几点鸦争柳。浅水画桥横。可怜潮自生。

南楼令

梦醒杏花丛，春寒浅阁钟。近黄昏、便起东风。已过今年三月半，恰只是、雨濛濛。

小胆怯屏空，浓愁敛碧峰。好琴弦、怎被尘蒙。算有多情双燕子，还肯到，旧房栊。

台城路·花坞纪游同蔼卿赋

深山一夜惊黄叶，萧萧满林风扫。瘦柳敧霜，低芦沍水，凉得吟蝉都少。清溪半绕，已溪上炊烟，一丝青袅。知近禅扉，残钟隐隐出林杪。

何时买山事了，赁春终下计，何似耕钓。但近村边，能通船处，细选三间屋料。休嫌地小，任种菜栽梅，春秋都好。不见西风，晚鸦栖树早。

卖花声

永兴寺老梅一枝，为前明冯祭酒手植。花时香雪濛濛，如缟衣仙人，翩然尘世。吟咏其下，不知明月西斜矣。

楼上晚钟残，灯火更阑。一枝铜笛恐春寒，满地青苔仙羽冷。风起清坛，花事易阑珊。春梦蒲团，相思人在碧云端。只有当时明月影，还到阑干。

望湘人 · 帘影

甚疏疏密密，整整斜斜，夕阳摇荡如许。移柳兼莺，筛花上蝶，春在绿濛濛处。最不分明，画屏几点，潇湘烟树。一层层、做出天涯，多少青山重数。

绝忆疏灯院宇，隔空濛一片，是烟非雨。正病起梳头，风贴香鬟如雾。龟纹重叠，驼钩斜转，今夜月明寒否。却误得、燕子归来，又绕回廊寻去。

一萼红 · 灯影

掩罗帷。又天寒酒醒，斜月画帘垂。冷焰凄魂，瘦花摇梦，一衾愁碎如丝。更几点、寒鸦栖树，有西风、吹上画罗衣。浅碧屏深。五更凄断，欲别人时。

谁念江湖听雨，向银荷背后，翠黛双低。篷梦惊猧，蓬窗低雁，天涯消息怜伊。更休说，当时罗髻。已红楼，帘卷露萤飞。空有玉钗枕函，摇曳相思。

台城路 · 弢光庵图

夕阳欲下层峦去，柴门隔林深闭。远水平帆，残钟落树，万叠青山帘底。愁云乱起。正归鸟寒边，瘦筇斜倚。如线青天，蒙蒙松条坠晴翠。

当时素禽已远。画阑红一角，都没荆杞。龛雨敲灯，幡花瘦露，人影一蒲团地。先生去矣、剩丹灶荒寒，晚烟堆里。枕潺湲，冷泉流梦细。

绿意

沈朗亭丈（兆霖）属题亡室郭慧人夫人画蝶遗幅，时落花在檐，韶华水逝，披图怅触，不胜身世之感也，蔼卿赋《红情》，余拈此调谱之。

冰绡在否。怎粉香脂色，零落如许。几处芳丛，栩栩蘧蘧，落红犹忆前度。凄凉不恨春如梦，恨梦也、寻常不做。却输伊、安稳双飞，还到绣帘深处。

正是春深时候，铢衣晒粉薄，花韵阑午。一半寒烟，一半荒芜，绿得南园凄楚。杏花只在高楼上，休说起、江南风雨。怕当时、画碧罗裙，也化仙魂飞去。

附　蒋坦（蔼卿）同作《暗香》

蘧蘧栩栩。认滕王画本，多般摹取。满地落花，点点春痕乱无主。如此南园芳草，问绿到，谁边才住。剩几点，瘦影斜阳，和梦黯烟雨。

凄楚。粉生蠹，任头白庾郎，费尽词赋。烛灯怨曙，欲梦罗浮怎飞度。休说如轮粉翅，仿佛得，绣罗裙否。怕明日，风起也，又都仙去。

卜算子 · 友鹤图

纸阁月斜时，浅水溪深处。梦绕梅花影半窗，各自垂帘做。

高出是瑶台，不肯轻归去。却笑三三五五群，水上闲鸥鹭。

菩萨蛮 · 琴馆听涛图

密蒙蒙处仙禽瘦。红帘一桁留香久。灯影隔窗窝。点衣黄雪多。

参差弦柱急。卷地风吹月。门外是潇湘。水回人断肠。

蝶恋花

帘外迷濛云不住。卷起飞花，风袅垂杨树。燕子飞来还又去，夕阳芳草归何处。

两日东风三日雨。聚做浮萍，散作濛濛絮。残梦乱飘香一炷，画楼灯火闻人语。

清平乐·春尽夜同妹侣琼作

画帘人定，更漏声凄紧。满枕玉钗春梦冷，斜月小楼钟影。

金猊容易香销，落花堆过栏腰。还有疏灯一点，酒醒不算明朝。

附　关锜和作

晚楼雅定，帘卷东风紧。弱酒乱浇心上冷，摇碎一窗灯影。

灵魂不肯轻销，无端瘦减侬腰。却又无愁无病，等闲过了今朝。

贺新凉·秋林着书图，蔼卿属赋

一夜清溪雨。已千山，万山黄叶，飘流无主。何况悲秋人寂寞，那不鬓丝成素。算还是，青毡抛去。依理丝筒君把钓，尚全家，靠得鱼竿住。便鸥鸟，也应许。

人生多被浮名误。念当时，萤飘蠡老，几人词赋。如此葫芦依样画，怎免樵夫笑汝。空赢得，尘埋玉树。不及西风枝上叶，到飘零，尚有归痕处。君不见，杜陵墓。

好事近

远水绿平帆，帆外一痕烟树。隔对青山几点，是渡江何处。

碧天霜重雁痕低，帘卷乱峰雨。独倚画屏秋管，等晚潮回去。

高阳台·皋亭览胜图

鸥雨分凉，鱼云织暝，一蓬山色依然。瘦影斜阳，碧天摇梦成烟。仙山依旧无消息，奈东风，换了啼鹃。剩樽前，点点残红，飞近筝弦。

凭栏休说当时事，只丛祠箫鼓，流水鸦边。一片凄阴，可堪送我华年。天涯何处无芳草，到春深，便觉堪怜。好流连，未是黄昏，休促回船。

唐多令·寄湘涛

斜日杏花收，微寒上玉篝。一重帘，一段春愁。见说画屏灯也上，独自个，下帘钩。

无语自凝眸，螺峰敛碧秋。倚阑干，照遍春流。门外绿杨风又至，便不皱，怎教休。

后　记

因有关蒋坦、关锳生平的记载有限，本书的搜集编译工作较为艰难，如今完成，百感交集。现已入夏，草木郁郁青青，再看一眼窗外，恍如隔世。

《秋灯琐忆》的研读要晚于《浮生六记》《影梅庵忆语》，难免会在行文中，与其他两本进行交互对比，尝试开辟新的视角与结论。所以，《秋灯琐忆》是本系列名副其实的终曲。

苏杭一带我已踏足多次，现在觉得，对那片山水的认知还是浮皮潦草了。正如我们对古典文学的认知，往往是知其表而不闻其详，识其字而不问其意。

在文人笔下，薄命人死而复生，伴着琴音茗香，慢时光缓缓流淌。才子佳人的传说固然久远，但我们的七情六欲，在本质上与他们并无分别——他们所感慨的沧海桑田，无时无刻不在发生；他们所承受的困顿与折磨，在每个人身上都有投射。就像秋芙所说：人生百年，被梦寐愁病占去了大半。余下的时日里，谁不是在现实中艰难求生，在变局中左摇右摆，在求索中颠沛流离，在喟叹中得过且过。

与冒襄、沈复、蒋坦的对话，一旦开始，就“相见恨晚”了。

好书能见众生，见天地，见自己。

这不是一个崇尚阅读的时代，但我们竭尽所能，让好书不那么寂寞，让经典能永远传承。

著名文学大家林语堂有言：

> 中国作家，至少一部分作家，尤其喜欢在文字中回忆他们的婚姻生活。关于这种著作，冒辟疆的《影梅庵忆语》，沈三白的《浮生六记》，和蒋坦的《秋灯琐忆》是最好的例子。

“纸短情长三部曲”首次将“忆语体”“美化文学”的代表作放在同一时空下赏析，引领读者体味弥漫于平淡日子里的浓浓爱意与仪式感。

《影梅庵忆语》

明末四公子，秦淮八艳首，

忆语之起始，明末之哀歌。

明末清初著名文人冒襄追忆他和其妾秦淮名姝董小宛的爱情故事的一部散文小品，开“忆语体文学”先河，侧面反映了明代个性解放的社会思潮。

《浮生六记》

浮生若梦，为欢几何？
良辰美景，不轻放过。

清朝文人沈复的自传体散文，以与妻子陈芸的生活为主线，记述了平凡而又充满情趣的居家生活的浪游各地的所见所闻。

《秋灯琐忆》

生老病死的追问，

琴瑟和鸣的爱情。

清代文人蒋坦回忆与爱妻关锁（关秋芙）日常生活琐事的散文，充满风雅、才情、闲趣、诗意，秋芙和沈复之妻芸娘被林语堂形容是中国古代最可爱的两个女性。